SO GREAT 한국어 ①

소통

집필진

김정현 서울대학교 언어교육원 대우전임강사(한국어교육학박사)
박성희 송곡대학교 한국어비즈니스학과 강사(한국어교육학박사과정)
정미진 인천대학교 국어국문학과 초빙교수(한국어교육학박사)
조형일 송곡대학교 한국어비즈니스학과 교수(한국어교육학박사)

SG한국어1
MP3다운로드

SO GREAT 한국어 1

발 행 일 | 2024년 10월 17일
저　　자 | 송곡대학교(김정현, 박성희, 정미진, 조형일)
펴 낸 곳 | 소통
펴 낸 이 | 최도욱
디 자 인 | 조해민
표　　지 | 라온그램
삽　　화 | 임주원
주　　소 | 서울시 금천구 시흥대로 193 아람아이씨티타워 1110호
전　　화 | 070-8843-1172
팩　　스 | 0505-828-1177
이 메 일 | sotongpub@gmail.com
블 로 그 | http://sotongpublish.tistory.com
홈페이지 | http://www.sotongpub.com
가　　격 | 24,000 원
I S B N | 979-11-91957-40-2　93700

*이 책은 저작권법에 따라 보호받고 있습니다.
불법 복제와 불법 PDF는 법으로 금지되어 있습니다.

SO GREAT 한국어 ①

김정현, 박성희, 정미진, 조형일

소통

출간사

　대한민국은 지금 변혁의 시대를 맞이하고 있습니다. 한국의 산업 발전에 있어 큰 동력의 한 가지로서, 외국인 근로자와 유학생의 한국어 능력은 어떤 것과 비교해도 모자라지 않을 만큼 중요합니다. 우리의 역사가 이야기해 주듯이 앞으로 한국의 미래도 전 세계인과 함께 화합하며 도약의 시대로 발전해 나아가야 할 것입니다. 작금의 모든 대학이 외국인 교육에 집중하고 있을 이때, 우리 송곡대학교는 전문인 육성의 산실로서 글로벌 시대에 맞서 외국인 연수생과 재학생, 내국인 재학생이 함께 성장하는 교육 역량 강화에 모든 힘을 쏟고 있습니다. 그런 의미에서 이번 SG 한국어 초급용 교재는 상징하는 바가 매우 큽니다. 이 교재가 한국어 교육의 지평을 다져가는 역할을 하리라 기대합니다.

　이번 SG 한국어를 그동안 기획하고 집필해 주신 집필진 여러분께 감사의 인사를 전합니다. 한국어비즈니스학과를 이끌고 계시는 조형일 교수님 이하 김정현 선생님(서울대 언어교육원), 정미진 선생님(인천대학교 국어국문학과), 박성희 선생님(송곡대학교 어학센터)께서 그동안 앞으로 다가올 시대에 적용 가능한 방식으로 새롭게 초급 교재를 개발해 주시느라 고생 많으셨습니다. 그리고 이 책이 출간되기까지 애써 주신 소통 출판사 최도욱 대표님과 조해민 편집자님께도 감사의 인사를 드립니다.

　이 책으로 SO GREAT! 하게 전 세계 외국인들이 한국어 실력을 향상시킬 수 있게 되기를 바랍니다. 고맙습니다.

2024년 9월 1일
송곡대학교 총장
왕 덕 양

일러 두기

이 책은 새로운 시대 한국어 초급 학습자를 대상으로, 송곡대학교 국제교류처에서 주관하여 개발한 것이다. 본 책과 연습책을 한 세트로 구성하고 초급 1단계와 2단계에 맞추어 개발하였다.

초급 1단계는 0급~1.5급 달성을 목표로 구성되었다. 처음부터 끝까지 완벽하게 학습 성취를 이룬 학생이라면 초급 1단계 교재를 통해서 약 1.5급에 도달할 수 있을 것이다. 학습자의 성취도를 70% 수준으로 잡을 때, 한국어 능력 평가 시험(TOPIK, KLAT, SKA 등) 1급 수준에 도달할 수 있다.

초급 2단계는 1급~2.5급 달성을 목표로 구성되었다. 처음부터 끝까지 완벽하게 학습 성취를 이룬 학생이라면 초급 2단계 교재를 통해서 약 2.5급에 도달할 수 있을 것이다. 학습자의 성취도를 70% 수준으로 잡을 때, 한국어 능력 평가 시험(TOPIK, KLAT, SKA 등) 2급 수준에 도달할 수 있다. 특히 초급 2단계부터는 대학 생활에서 활용 가능한 교육 내용을 선정하여 적용하였다.

이들 교재는 각각 30과로 구성하였다. 이는 온라인 기반 교육이 하나의 필수적 교실 형태로 자리 잡은 것과 교육 현장(어학센터, 한국어학당, 한국어교육센터, 한국어교육원 등)의 다양한 수업 형태(8주부터 10주 운영, 150시간부터 200시간 운영 등)를 반영하고자 한 것이다. 한국어 교육 기관에서는 이 교재를 활용하여 8주에서 10주 동안 한국어 교실을 운영할 때, 하루 3~4 시간을 기준으로 하여 하나의 단원을 교수학습하고, 다음 단원을 새롭게 시작할 수 있을 것이다.

☞ 2000년대 초반 무렵까지의 교재들은 한 학기 수업 운영 시 하루(3~4) 수업 시간 내에 한 단원이 끝나는 구성을 취하고 있었다. 그런데 중반 이후 1개의 단원에 포함된 내용을 확장하는 방식으로 바뀌었고 한 단원을 2일에서 3일에 걸쳐 수업을 하게 되었다. 속칭 면대면 수업으로 이루어지는 상황에서 이는 매우 적정한 방식이었다. 하지만 2020년 코로나 사태로 촉발된 온라인 기반 수업에서 이러한 편제는 문제점으로 작용하게 된다. 한 개의 단원을 2~3일에 배우는 동안 학습자의 참여와 상호활동이 매우 큰 비중을 차지하였기에, 온라인 플랫폼을 통해 이루어지는 수업 환경과 맞지 않는 부분이 발생한 것이다. 학습자의 참여도 또한 저조해지면서 하나의 단원이 연속적으로 수행되기 어려운 환경임이 드러났다. 이것이 본 교재를 30개의 단원으로 개발하게 된 이유이다. 초급 총 60개의 단원을 개발하는 것은 쉽지 않은 작업이었다. 이 교재를 사용하는 현장에서는 이러한 수고를 알아줄 것이다.

목차

출간사 5
일러 두기 6

Unit 1. 한글

01. 한글(1) 14
02. 한글(2) 20
03. 한글(3) 26

Unit 2. 소개

04. 어느 나라 사람입니까? 36
05. 저는 프엉이에요 42
06. 사라 씨는 배우가 아니에요 48

Unit 3. 물건

07. 이것은 샤샤 씨의 책입니다 — 56
08. 가방 안에 우산이 있어요 — 62
09. 커피 세 잔 주세요 — 68

Unit 4. 일과

10. 안나 씨는 책을 읽어요 — 76
11. 어츠 씨는 학교에 가요 — 82
12. 커피숍에서 커피를 마십니다 — 88

Unit 5. 약속

13. 아홉 시에 공항에 가요 — 96
14. 무슨 요일에 만날까요? — 102
15. 3일부터 7일까지 시험이에요 — 108

Unit 6. 쇼핑

16. 이 시계가 얼마예요? 116
17. 가방이 너무 작고 비싸요 122
18. 하얀색 바지하고 검은색 바지만 있어요 128

Unit 7. 여행

19. 친구하고 여행을 갈 거예요 136
20. 바다에 가서 사진을 찍을 거예요 142
21. 여행이 힘들지만 재미있어요 148

Unit 8. 교통

22. 여기에 앉으세요 156
23. 학교에서 집까지 얼마나 걸려요? 162
24. 길이 복잡하니까 지하철을 탑시다 168

Unit 9. 취미

25. 저는 아침마다 운동해요 ……………… 176
26. 자전거를 타고 싶어요 ……………… 182
27. 피아노를 잘 쳐요? ……………… 188

Unit 10. 계획

28. 새해에 운동을 시작하겠어요 ……………… 196
29. 졸업 후에 고향에 돌아가려고 해요 ……………… 202
30. 무슨 아르바이트를 하고 싶어요? ……………… 208

듣기 대본 ……………… 214
교수자의 교재 운용 방법 일례 ……………… 217
정답 및 해설 ……………… 220

UNIT 1

Unit 1. 한글

01. 한글(1)
02. 한글(2)
03. 한글(3)

UNIT 1 한글

01 한글(1)   모음과 자음(1)

이야기하세요.

1) 한글을 알아요?

2) 세종대왕을 알아요?

한글을 소개합니다

한글은 한국 고유의 글자입니다. 한글이 세상에 나오기 전까지 보통 사람들은 글자를 읽고 쓸 줄 몰라서 불편함을 겪었습니다. 이를 해결하기 위해서 세종대왕은 1446년 한국말을 글자로 표기할 수 있는 훈민정음을 만들어서 발표했습니다.

한글은 자음과 모음으로 구성되어 있는데 24개의 문자를 이용해서 다양한 글자를 만들어 낼 수 있습니다. 외우기 쉽고 쓰기 편해서 지금까지 많은 사랑을 받고 있습니다. 최근에는 한국뿐만 아니라 전 세계 사람들에게도 큰 사랑을 받고 있습니다.

Hangeul is a unique alphabet of Korea. Until Hangeul was introduced to the world, ordinary people experienced inconvenience because they did not know how to read and write letters. To solve this problem, The Great King Sejong created and published Hunminjeongeum, which can be written in Korean letters, in 1446.

Hangul consists of consonants and vowels, and you can create various letters by using 24 basic letters. It has been loved so far for being easy to memorize and easy to write. Recently, it has been loved not only by Koreans but also by people all over the world.

unit1. 한글

모음(1)

| ㅏ | ㅓ | ㅗ | ㅜ | ㅡ | ㅣ |

| ㅑ | ㅕ | ㅛ | ㅠ |

따라하세요

| 아 | 어 | 오 | 우 | 으 | 이 |

| 야 | 여 | 요 | 유 |

듣고 따라하세요

| 1) 아 | 2) 오 | 3) 요 | 4) 유 | 5) 이 |

| 6) 야 | 7) 우 | 8) 여 | 9) 어 | 10) 으 |

듣고 고르세요

1) <u>아이</u> / 야이
2) 오이 / 우이
3) 우유 / 유우
4) 여유 / 어우
5) 아우 / 야우
6) 여아 / 어야

듣고 따라하세요

아이

오

아우

우유

여유

오이

자음(1)

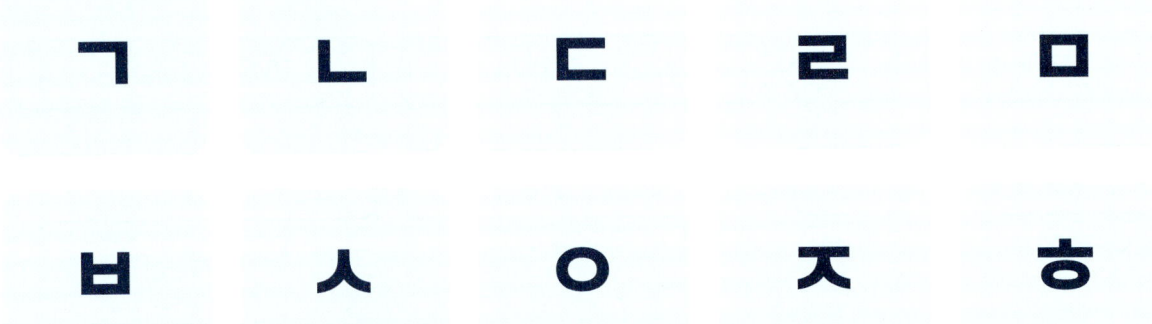

▸ 따라하세요

가 나 다 라 마 바 사 아 자 하

▸ 듣고 따라하세요

| 1) 가 | 2) 너 | 3) 도 | 4) 루 | 5) 므 |

| 6) 뱌 | 7) 슈 | 8) 요 | 9) 지 | 10) 혀 |

▸ 듣고 고르세요

1) 가 / 나   2) 아 / 하   3) 마 / 바

4) 사 / 자   5) 다 / 라

읽으세요

나무 바나나 다리

바지 가수 주스

모자 머리 호수

UNIT 1 한글

02 한글(2) 모음과 자음 (2)

이야기하세요.

1) 한글 모양이 어때요?
2) 고향에서 어떤 글자를 써요?

한글을 소개합니다

한글의 모음은 하늘과 땅, 그리고 사람의 모습을 보고 만들었습니다. 이들을 서로 결합해서 다양한 글자를 만들 수 있었습니다. 이것을 천지인이라고 합니다. 최근에는 휴대폰으로 문자메시지를 보낼 때 사용합니다.

Hangeul vowels were created by looking at the sky, the earth, and people. They were able to combine them with each other to make various letters. This is called 'cheonjiin.' Recently, they are used to send text messages on mobile phones.

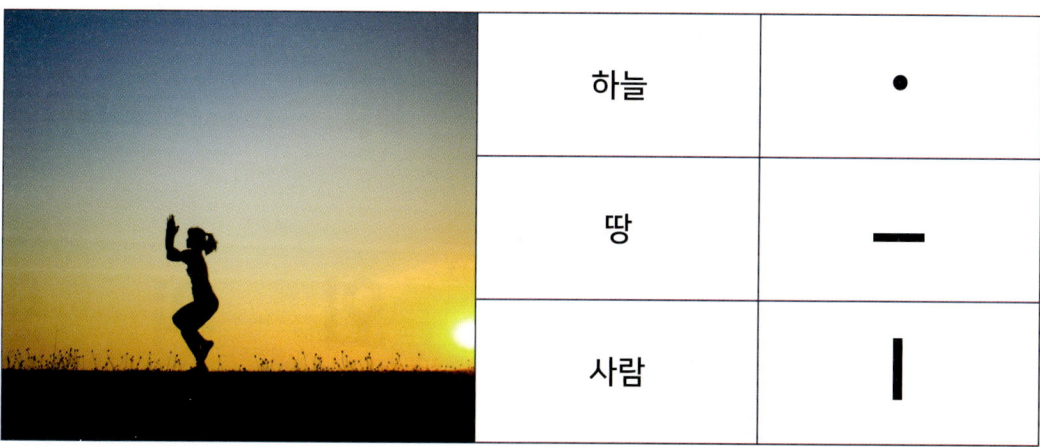

	하늘	•
	땅	─
	사람	│

하늘 + 땅	• + ─	ㅗ
사람 + 하늘	│ + •	ㅏ
땅 + 하늘	─ + •	ㅜ
하늘 + 사람	• + │	ㅓ
하늘+하늘+사람	• + • + │	ㅕ

모음(2)

| ㅐ | ㅒ | ㅔ | ㅖ |

| ㅘ | ㅝ | ㅙ | ㅞ | ㅚ | ㅟ | ㅢ |

따라하세요

| 애 | 얘 | 에 | 예 |

| 와 | 워 | 왜 | 웨 | 외 | 위 | 의 |

듣고 따라하세요

1) 개　　2) 쥐　　3) 뭐　　4) 네　　5) 예

6) 돼　　7) 뤄　　8) 쉐　　9) 봐　　10) 회

읽으세요

배 돼지 의사
세계 화가 뇌
회사 뭐 뒤

자음(2)

ㅋ ㅌ ㅍ ㅊ

ㄲ ㄸ ㅃ ㅆ ㅉ

따라하세요

카 타 파 차

까 따 빠 싸 짜

듣고 고르세요

1) 카 / ㉠까㉡
2) 쭈 / 추
3) 브 / 프
4) 터 / 떠
5) 새 / 쌔

읽으세요

피자 토스트 기차

코끼리 까치 허리띠

쓰레기 찌개 오빠

UNIT 1 한글

03 한글(3)   한글 받침과 연습

이야기하세요.

1) 한글을 읽을 수 있어요?

2) 한글을 쓸 수 있어요?

한글을 소개합니다

1. 한글의 자음 중 기본자인 'ㄱ, ㄴ, ㅁ, ㅅ, ㅇ'는 발음 기관과 조음 방법을 보고 만들었습니다.

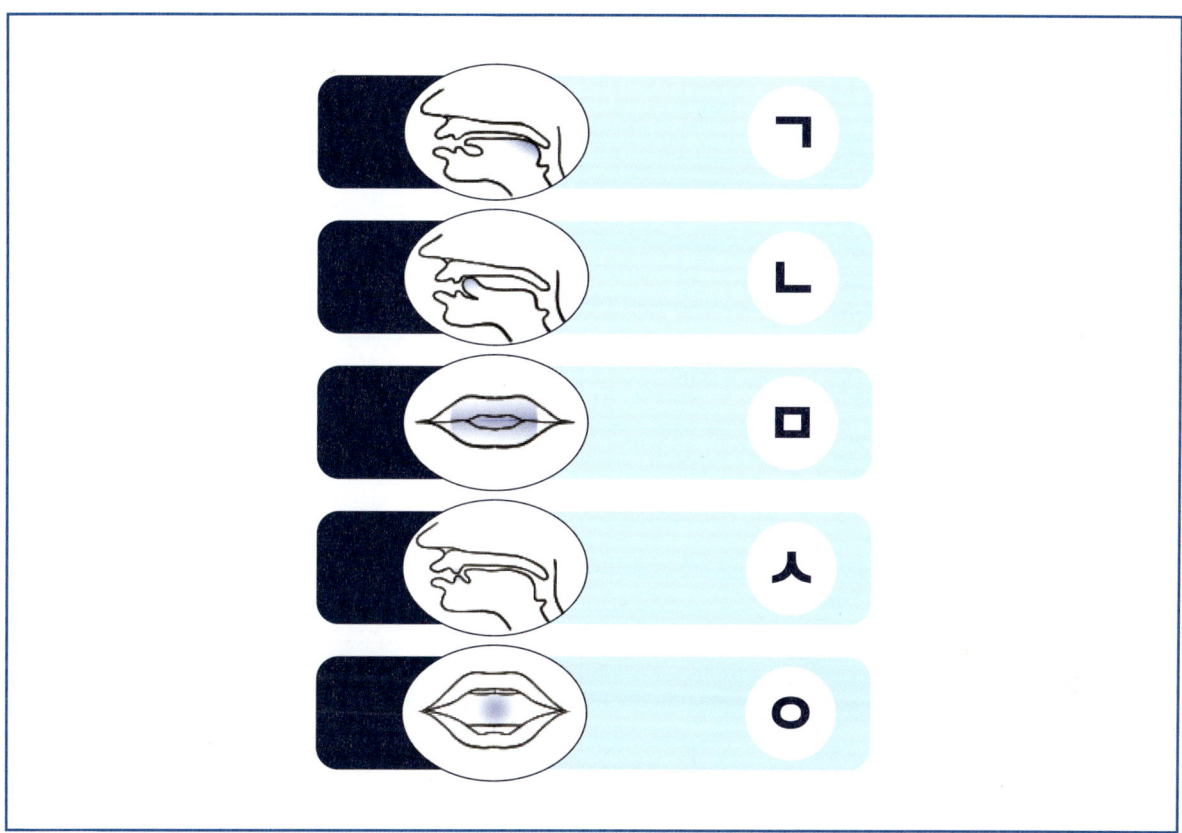

2. 모음은 혼자서 글자를 만들 수 있고 앞과 뒤에 자음을 결합시켜 글자를 만들 수도 있습니다. 모음 뒤, 글자의 아래에 오는 자음을 '받침'이라고 합니다.

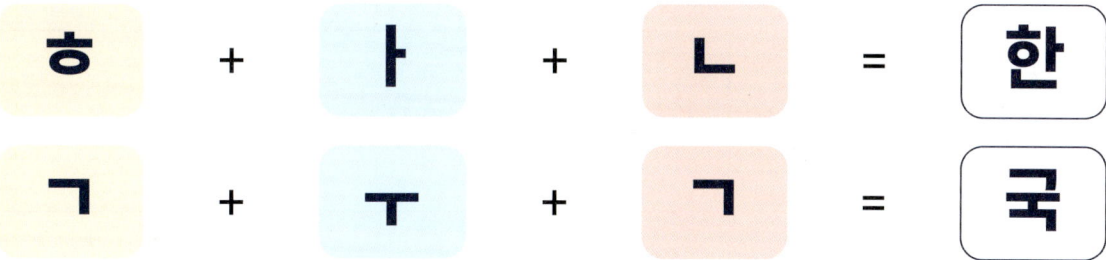

받침(1)

ㄱ	[k]	악	악기
ㅋ		억	부엌
ㄲ		앆	밖
ㄴ	[n]	안	반지
ㄷ	[t]	앋	걷다
ㅌ		앝	밑
ㅅ		앗	옷
ㅆ		았	있다
ㅈ		앚	낮다
ㅊ		앛	꽃
ㅎ		앟	히읗
ㄹ	[l]	알	골프
ㅁ	[m]	암	밤
ㅂ	[p]	압	집
ㅍ		앞	무릎
ㅇ	[ŋ]	앙	공

읽으세요

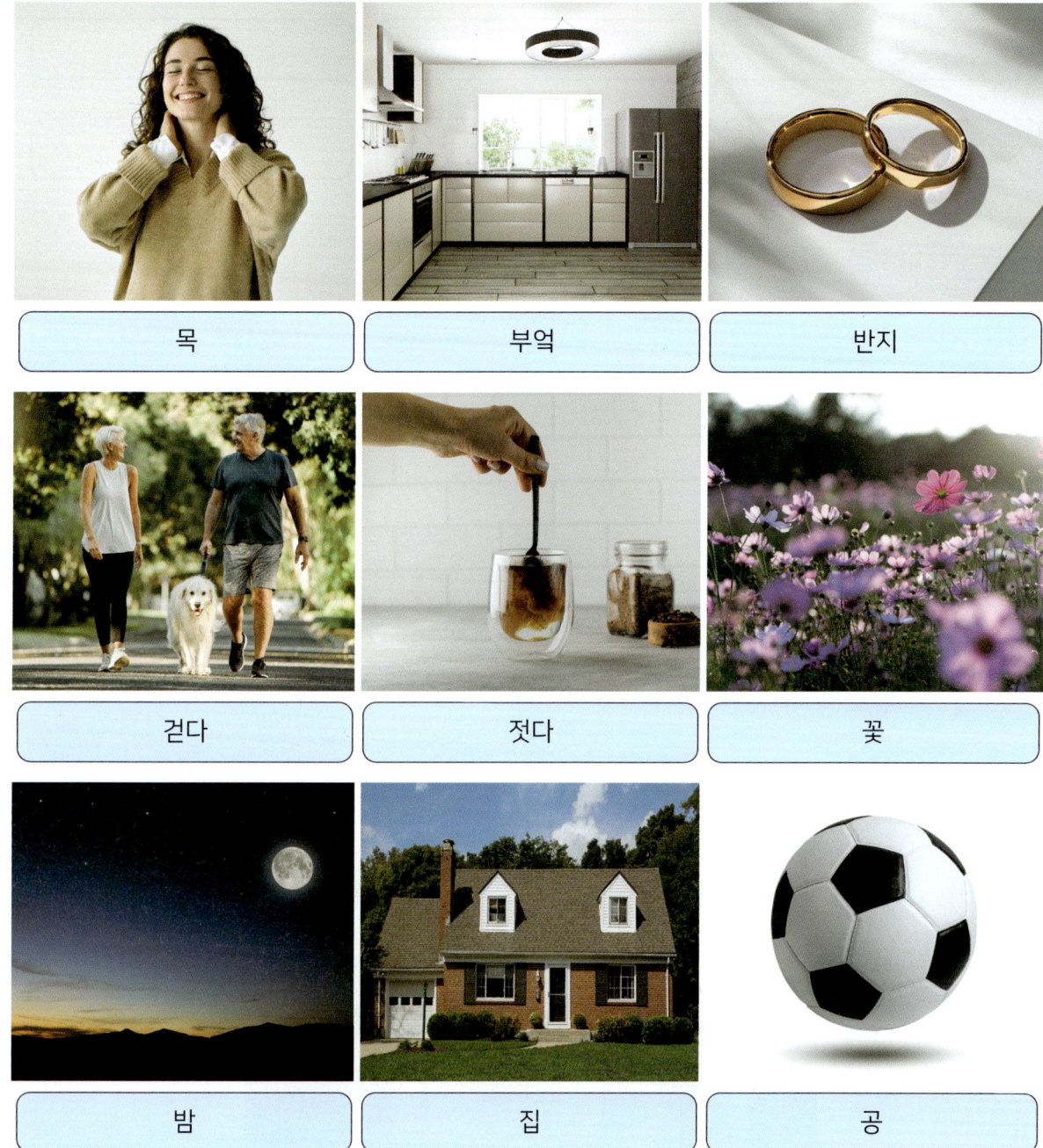

듣고 고르세요

1) 앙 / **알**   2) 줌 / 줍   3) 찬 / 참

4) 간 / 갈   5) 꽃 / 꼰   6) 박 / 방

듣고 쓰세요

1)   2)   3)

4) ☐ 지   5) ☐ 다   6) 부 ☐

연습하세요

받침(2)

닭	[닥]	많다	[만타]
젊다	[점따]	여덟	[여덜]
앉다	[안따]	없다	[업따]

읽으세요

| 읽다 | 많다 | 넓다 |
| 값 | 닮다 | 앉다 |

따라하세요

한 국 어 ➡ 한 구 거

월 요 일 ➡ 워 료 일

약 을 먹 어 요
⬇
야 글 머 거 요

옷 이 작 아 요
⬇
오 시 자 가 요

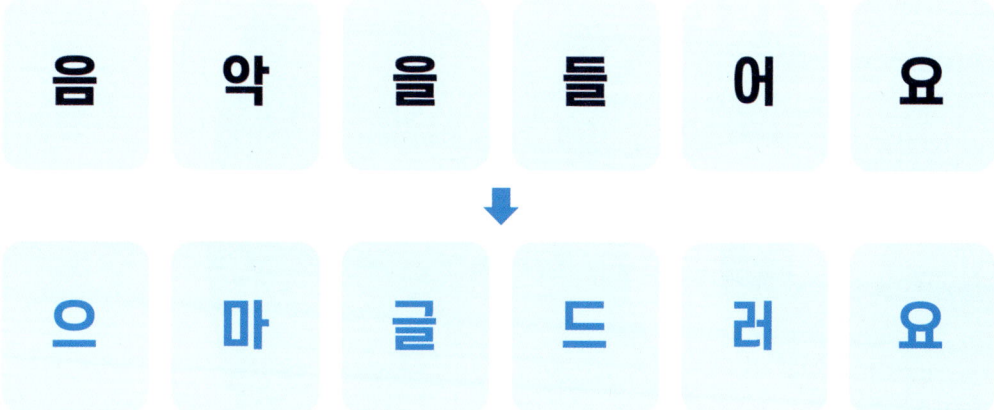

UNIT
2

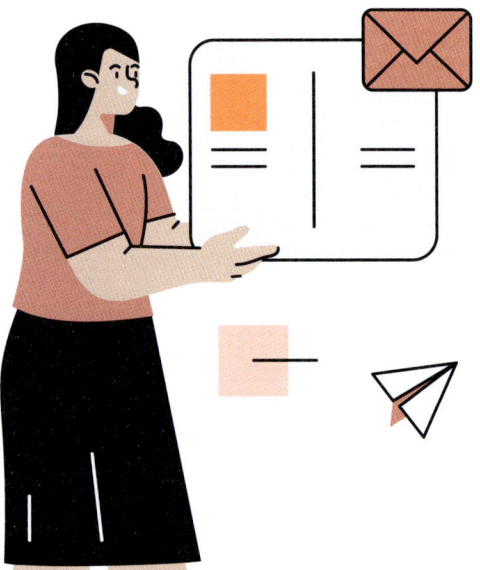

Unit 2. 소개

04. 어느 나라 사람입니까?
05. 저는 프엉이에요
06. 사라 씨는 배우가 아니에요

UNIT 2 소개

04 어느 나라 사람입니까?

어휘 나라와 직업 ❶
문법 [명]입니까? / 입니다
네 / 아니요

그림을 보고 이야기해 보세요.

1) 친구와 어떻게 인사해요?
2) 선생님과 어떻게 인사해요?

1. 그림을 보고 이야기하세요.

2. 그림을 보고 말하세요.

[명]입니까? / [명]입니다

가: 어느 나라 사람입니까?
나: 몽골 사람입니다.

· 한국 사람입니까?

· 한국 사람입니다.

· 어느 나라 사람입니까?

연습하세요

어느 나라 사람입니까?

한국 사람입니다.

❶

❷

❸

❹

새 표현 어느 나라

네 / 아니요

가: 베트남 사람입니까?
나: 네. 베트남 사람입니다.

가: 회사원입니까?
나: 아니요. 학생입니다.

· 요리사입니까? 네. 요리사입니다.
· 일본 사람입니까? 아니요. 중국 사람입니다.

연습하세요

한국 사람입니까?

네. 한국 사람입니다.

선생님입니까?

아니요. 경찰입니다.

❶

❷

❸

❹

unit 2. 소개

함께 해 봅시다

준비하세요

들으세요. 🎧04

① 안녕하세요. 저는 민우입니다.

② 아니요. 저는 회사원입니다.

③ 어느 나라 사람입니까?

④ 네. 저는 한국 사람입니다.

⑤ 학생입니까?

⑥ 저는 프랑스 사람입니다. 한국 사람입니까?

⑦ 안녕하세요. 저는 제니입니다.

① → ⑦ → (   ) → (   ) → (   ) → (   ) → ②

해 보세요

이름: 민우

나라: 한국

직업: 회사원

안녕하세요. 저는 민우입니다. 저는 한국 사람입니다. 저는 회사원입니다.

이름: _____

나라: _____

직업: _____

안녕하세요. 저는 ____입니다. 저는 _____. _____.

새 표현 저는   직업

40

더 해 보세요

이름: 양양
나라: 중국
직업: 회사원

이름: 하산
나라: 우즈베키스탄
직업: 의사

이름: 사라
나라: 미국
직업: 미용사

이름: 주민
나라: 한국
직업: 선생님

이름: 제인
나라: 호주
직업: 요리사

이름: _____
나라: _____
직업: _____

안녕하세요.
저는 양양입니다.

어느 나라 사람입니까?

네. 저는 중국 사람입니다.

아니요. 저는 회사원입니다.

안녕하세요.
저는 하산입니다.

저는 우즈베키스탄 사람입니다.
중국 사람입니까?

학생입니까?

UNIT 2 소개

05 저는 프엉이에요.

어휘 도시와 직업 ❷
문법 [명]은 / 는
[명]예요 / 이에요

그림을 보고 이야기해 보세요.

1) 여자는 무엇을 해요?

2) 사람들은 무엇을 해요?

1. 그림을 보고 이야기하세요.

2. 그림을 보고 말하세요.

서울   타슈켄트   도쿄   울란바토르   하노이   뉴욕

대학생 운동선수 간호사 배우 컴퓨터 프로그래머 종업원 주부

[명]은 / 는

가: 토모 씨 고향은 어디입니까?
나: 제 고향은 도쿄입니다.

- 저는 하산입니다.
- 토모 씨는 일본 사람입니다.
- 직업은 무엇입니까?

연습하세요

민호는 운동선수입니까?

네. 민호는 운동선수입니다.

❶ 민호

❷ 제인

❸ 하산

❹ 지수

새 표현   ○○ 씨   고향   제   무엇

[명]예요 / 이에요

가: 지수 씨 고향은 어디예요?
나: 서울이에요.

· 저는 제니예요.

· 저는 미국 사람이에요.

· 하산은 어느 나라 사람이에요?

연습하세요

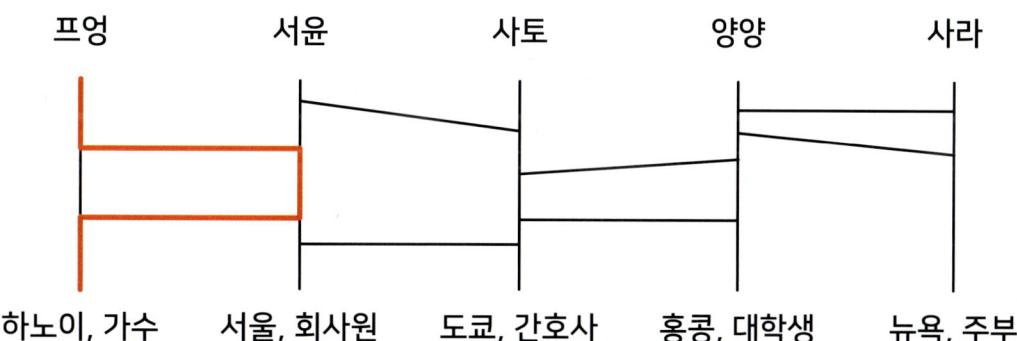

프엉   서윤   사토   양양   사라

하노이, 가수   서울, 회사원   도쿄, 간호사   홍콩, 대학생   뉴욕, 주부

프엉 씨 고향은 하노이예요.

프엉 씨는 가수예요.

새 표현   홍콩

unit 2. 소개

함께 해 봅시다

준비하세요

이야기하세요.

이름: 하산
나라: 우즈베키스탄
고향: 타슈켄트
직업: 배우

하산 씨는 어느 나라 사람이에요?

우즈베키스탄 사람이에요.

고향은 어디예요?

?

직업은 뭐예요?

?

해 보세요

하산 씨는 _____.
하산 씨 고향은 _____.
하산 씨 _____.

새 표현 뭐

46

더 해 보세요

1. 그림을 보고 이야기하세요.

이름: _____
나라: _____
고향: _____
직업: _____

_____은/는 어느 나라사람이에요?

_____ 사람이에요.

고향은 어디예요?

?

?

?

2. 그림을 보고 이야기하세요.

이름	안녕하세요. 저는 _____.
나라	_____.
고향	_____.
직업	_____.

3. 발표하세요.

UNIT 2 소개

06 사라 씨는 배우가 아니에요.

어휘 인사와 나라 ❷
문법 [명]이 / 가 아니에요
[명]이 / 가 아닙니다

그림을 보고 이야기해 보세요.

1) 사람들이 무엇을 해요?
2) 처음 만나요. 어떻게 인사해요?

1. 어느 나라입니까? 국기를 보고 이야기하세요.

2. 그림을 보고 이야기해 보세요.

영국   독일   카자흐스탄   태국   캐나다   멕시코
처음 뵙겠습니다   만나서 반갑습니다   안녕히 가세요   안녕히 계세요   감사합니다

[명]이 / 가 아니에요

가: 수민 씨는 학생이에요?
나: 아니요. 학생이 아니에요.

- 저는 배우가 아니에요.
- 사라 씨는 캐나다 사람이 아니에요.
- 서울은 제 고향이 아니에요.

연습하세요

지민 씨는 의사예요?

아니요. 의사가 아니에요.

❶ 지민
❷ 뭉흐
❸ 지현
❹ 로빈
❺ 사라

[명]이 / 가 아닙니다

가: 미나 씨는 중국 사람입니까?

나: 아니요. 저는 중국 사람이 아닙니다. 태국 사람입니다.

- 에바 씨는 영국 사람이 아닙니다.
- 샤오밍 씨는 요리사가 아닙니다.
- 저는 학생이 아닙니다. 회사원입니다.

연습하세요

안녕하세요. 저는 치야입니다.

치야 씨는 인도네시아 사람입니까?

아니요. 저는 인도네시아 사람이 아닙니다.

그럼 태국 사람입니까?

네. 저는 태국 사람입니다.

치야 씨는 학생입니까?

?

이름: _____
나라: _____
직업: _____

함께 해 봅시다

준비하세요

이야기하세요.

안녕하세요. 저는 리아예요.

안녕하세요. 저는 지민이에요. 만나서 반가워요.

처음 뵙겠습니다. 저는 수지입니다.

안녕하세요. 저는 에릭입니다. 만나서 만갑습니다.

해 보세요

메모하세요.

- 처음 뵙겠습니다.
- 저는 _____
- _____
- _____
- 만나서 반갑습니다.

더 해 보세요

인터뷰하세요.

	이름:	이름
1) OO 씨는 한국 사람입니까?		
2) OO 씨 고향은 어디입니까?		
3) OO 씨는 　직업　 입니까?		
4)		

_____은/는 어느 나라 사람이에요?

_____ 사람이에요.

고향은 어디예요?

?

?

?

?

?

UNIT 3

Unit 3. 물건

07. 이것은 샤샤 씨의 책입니다
08. 가방 안에 우산이 있어요
09. 커피 세 잔 주세요

UNIT 3 물건

07 이것은 샤샤 씨의 책입니다.

어휘 물건❶
문법 이것은 무엇입니까? / 뭐예요?
[명]의 [명]

이야기하세요.

1) 여기는 어디예요?

2) 이 사람은 누구예요? 무엇을 해요?

■ 그림을 보고 이야기하세요.

의자 책상 컴퓨터 시계 창문 가방
문 책 연필 옷 사전 컵 안경

이것은 무엇입니까? / 뭐예요?

가: 이것은 무엇입니까?
나: 이것은 연필입니다.

· 이것은 컵입니까?
· 그것은 무엇입니까?
· 저것은 거울입니다.

이것 = 이거
그것 = 그거
저것 = 저거

연습하세요

이것은 무엇입니까?   이것은 책입니다.

[명]의 [명]

가: 그거는 뭐예요?
나: 이거는 어츠 씨의 카메라예요.

- 그거는 제 가방이에요.
- 저거는 안나 씨의 차예요.
- 저 사람은 호민 씨 친구예요.

연습하세요

이거는 뭐예요?

그거는 프엉 씨의 안경이에요.

새 표현 차(자동차)

unit 3. 물건

함께 해 봅시다

준비하세요

들으세요. 🎧07

① 나나 씨, 이거는 뭐예요?

② 그럼 그거는 뭐예요?

③ 아, 이거는 생일 케이크예요.

④ 네. 오늘이 뭉흐 씨의 생일이에요.

⑤ 네? 오늘이 뭉흐 씨의 생일이에요?

⑥ 그거는 뭉흐 씨의 생일 선물이에요.

① → (　) → (　) → (　) → (　) → ③

해 보세요

단어 카드를 만들고 물건에 붙이세요.

알리의 의자	켈리의 커피	어츠의 가방	

새 표현　생일　케이크　이거는 = 이건

더 해 보세요

친구와 이야기해 보세요.

- 저건 뭐예요?
- 이건 뭐예요?
- 그건 알리 씨의 가방이에요.
- 그건 켈리 씨의 커피예요.

UNIT 3 물건

08 가방 안에 우산이 있어요.

어휘 위치와 물건 ❷
문법 [명]이 / 가 있어요 / 없어요
[명]에 있어요 / 없어요

이야기하세요.

1) 남자는 무엇을 해요?
2) 남자의 가방에 무엇이 있어요?

1. 그림을 보고 이야기하세요.

이것은 무엇입니까?

이것은 구두입니다.

2. 그림을 보고 이야기하세요.

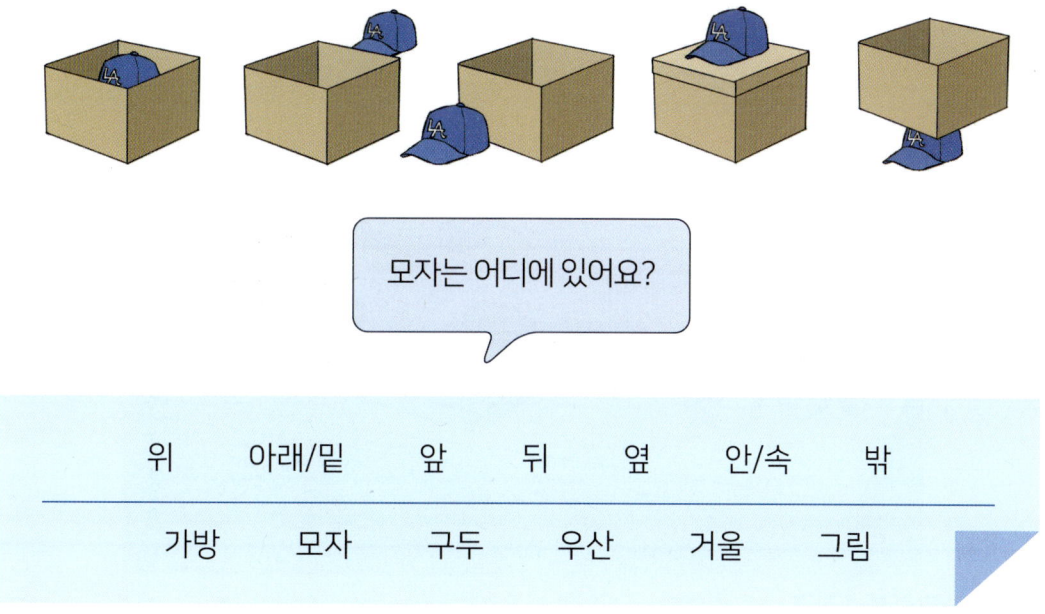

모자는 어디에 있어요?

위	아래/밑	앞	뒤	옆	안/속	밖
가방	모자	구두	우산	거울	그림	

[명]이 / 가 있어요 / 없어요

가: 그림책이 있어요?
나: 아니요. 그림책이 없어요.

- 사전이 있어요?
- 거울이 없어요.
- 저는 한국 친구가 있어요.

연습하세요

한국어 책이 있어요?

네. 한국어 책이 있어요.

거울이 있어요?

아니요. 거울이 없어요.

새 표현 그림책   친구

[명]에 있어요 / 없어요

가: 휴대폰이 어디에 있어요?
나: 책상 위에 있어요.

- 가방이 의자 아래에 있어요.
- 샤샤 씨가 집에 없어요.
- 친구가 학교에 있어요.

연습하세요

모자가 어디에 있어요?

침대 위에 있어요.

❶

❷

❸

❹

새 표현   휴대폰   집   학교   침대

함께 해 봅시다

준비하세요

민우 씨의 방이에요. 무엇이 있어요?

의자가 있어요.

시계가 있어요.

해 보세요

방에 무엇이 있어요? 그림을 그리고 이야기하세요.

더 해 보세요

방에 무엇이 있어요? 쓰세요.

____ 씨 방에 무엇이 있어요?

침대가 있어요.
그리고 침대 옆에 책상이 있어요.

____ 씨 방에 무엇이 있어요?

책상 위에 시계가 있어요.
그리고 책상 앞에 의자가 있어요.

여기는 제 방이에요. 제 방에는 _____

_____

_____

_____

UNIT 3 물건

09 커피 세 잔 주세요.

어휘 음식과 숫자❶
문법 [수] 개 / 병 / 잔
[명] 주세요

이야기하세요.

1) 여기는 어디예요?
2) 사람들이 무엇을 해요?

1. 그림을 보고 이야기하세요.

식탁 위에 뭐가 있어요?

비빔밥이 있어요.

2. 몇 개 있어요?

하나

| 비빔밥 | 불고기 | 라면 | 떡볶이 | 김밥 | 냉면 | 콜라 | 주스 |

| 하나 | 둘 | 셋 | 넷 | 다섯 | 여섯 | 일곱 | 여덟 | 아홉 | 열 |

[수] 개 / 병 / 잔

가: 사과가 몇 개예요?
나: 다섯 개예요.

· 커피가 세 잔이에요.
· 우산이 한 개예요.
· 콜라가 열 병이에요.

연습하세요

빵이 몇 개예요? 두 개예요.

❶

❷

❸

❹

새 표현 사과

[명] 주세요

가: 햄버거 한 개 주세요.

나: 여기 있어요.

- 사과 네 개 주세요.
- 주스 여덟 잔 주세요.
- 비빔밥 두 그릇 주세요.

연습하세요

뭘 드릴까요?

콜라 네 병 주세요.

❶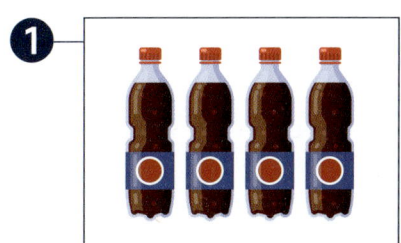

❷

❸

❹

새 표현   햄버거   뭘 드릴까요?   여기 있어요

함께 해 봅시다

이야기하세요.

해 보세요

친구와 이야기하세요.

더 해 보세요

주문해 보세요.

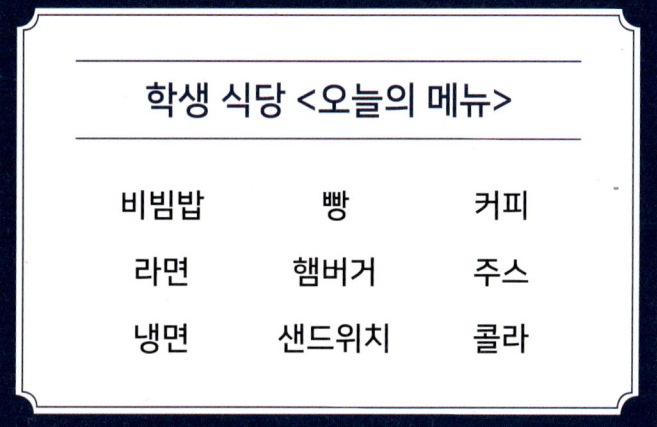

어서 오세요. 뭘 드릴까요?	라면이 있어요?
네. 라면이 있어요.	주스가 있어요?
네. 주스가 있어요.	라면 두 개 주세요. 그리고 주스 한 잔 주세요.

새 표현 샌드위치

UNIT
4

Unit 4. 일과

10. 안나 씨는 책을 읽어요
11. 어츠 씨는 학교에 가요
12. 커피숍에서 커피를 마십니다

UNIT 4 일과

10. 안나 씨는 책을 읽어요.

어휘 동사 ❶
문법 [동]-어요
[명]을 / 를

이야기하세요.

1) 여기는 어디예요?
2) 여자는 지금 뭐 해요?

■ **그림을 보고 이야기하세요.**

보다 만나다 마시다 기다리다 주다 받다 먹다 읽다

쉬다 자다 공부하다 운동하다 청소하다 산책하다 이야기하다

[동]-어요

가: 지민 씨는 뭐 해요?

나: 운동해요.

- 애니 씨는 자요.
- 폴 씨는 쉬어요.
- 프엉 씨는 공부해요.

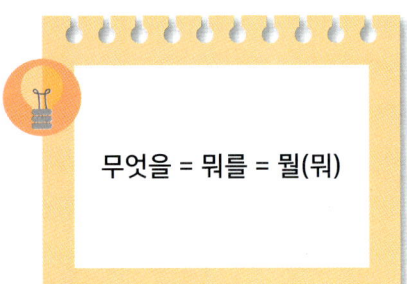

무엇을 = 뭐를 = 뭘(뭐)

연습하세요

뭐 해요?   쉬어요.

① ② ③ ④

[명]을 / 를

가: 지금 뭐 해요?
나: 물을 마셔요.

- 저는 책을 읽어요.
- 안나 씨는 친구를 만나요.
- 리코 씨는 청소를 해요.

연습하세요

이 사람은 지금 뭐 해요?

샌드위치를 먹어요.

새 표현   지금

함께 해 봅시다

준비하세요

이야기하세요.

해 보세요

친구와 이야기해 보세요.

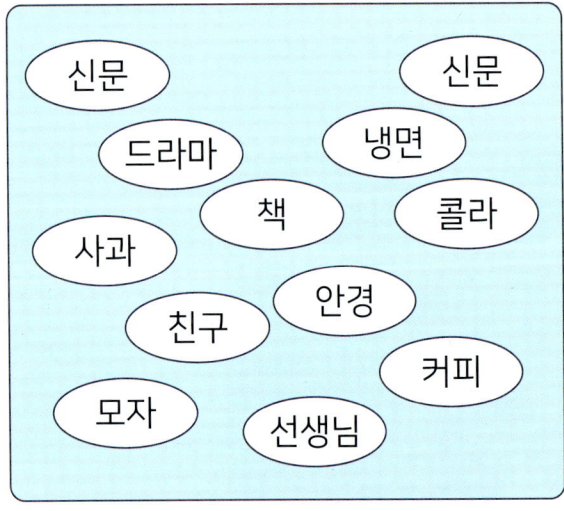
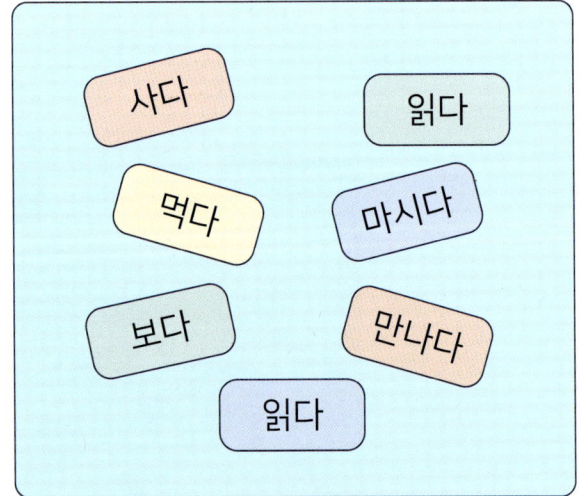

새 표현 오늘

더 해 보세요

친구와 이야기해 보세요.

질문	이름:	이름
1) 무엇을 사요?		
2) 요즘 무엇을 읽어요?		
3) 아침에 무엇을 먹어요?		
4) 아침에 무엇을 마셔요?		
5) 주말에 누구를 만나요?		

무엇을 사요?

가방을 사요.

새 표현 요즘   아침에   주말에

UNIT 4 일과

11 어츠 씨는 학교에 가요.

어휘 장소❶과 동사❷
문법 [동]-었어요
[명]에 가요 / 와요

이야기하세요.

1) 누구예요?
2) 지금 어디에 있어요?

■ 그림을 보고 이야기하세요.

| 학교 | 공원 | 병원 | 식당 | 백화점 | 공항 | 영화관 | 집 |

타다   다니다   쇼핑하다   일하다   듣다   걷다

[동]-었어요

가: 어제 뭐 했어요?
나: 친구를 만났어요.

- 아침에 사과를 먹었어요.
- 백화점에 갔어요. 선물을 샀어요.
- 저녁에 한국어 공부를 했어요.

'ㄷ' 불규칙

듣다 → 한국 음악을 **들었어요**.
걷다 → 공원을 **걸었어요**.

연습하세요

어제 뭐 했어요?

친구를 만났어요.

❶

❷

❸

❹

새 표현   저녁에

[명]에 가요 / 와요

가: 어디에 가요?
나: 공항에 가요.

- 지금 어디에 가요?
- 오늘 회사에 가요.
- 제니 씨도 식당에 와요?

연습하세요

지수 씨, 지금 어디에 가요?

집에 가요.

1) 지수
2) 토모
3) 뭉흐
4) 안나

함께 해 봅시다

준비하세요

이야기하세요.

어제 어디에 갔어요?

바다에 갔어요.
수영을 했어요.

해 보세요

들으세요. 🎧11

가: 안나 씨, 어제 뭐 했어요?

나: 친구를 만났어요. 우리는 바다에 갔어요.

가: 무엇을 했어요?

나: 수영을 했어요. 그리고 라면을 먹었어요.

가: 앤디 씨는 어제 뭐 했어요?

나: 저는 영화관에 갔어요. 한국 영화를 봤어요.

새 표현   바다   수영(을) 하다   우리

| 문제 | 남자는 어제 무엇을 했어요?

① 바다에 갔어요.

② 영화관에 갔어요.

③ 라면을 먹었어요.

더 해 보세요

친구와 이야기하세요.

안나 씨, 어제 뭘 했어요?

무엇을 했어요?

_____.

_____.

앤디 씨는 어제 뭘 했어요?

UNIT 4 일과

12 커피숍에서 커피를 마십니다.

어휘 장소 ❷
문법 [명]에서
[동]-ㅂ니다 / 습니다

이야기하세요.

1) 남자는 어디에 있어요?
2) 남자는 지금 무엇을 해요?

■ 그림을 보고 이야기하세요.

| 회사 | 은행 | 약국 | 시장 | 우체국 | 편의점 |
| 도서관 | 커피숍 | 박물관 | 노래방 | 피시방 | |

[명]에서

가: 미나 씨는 지금 어디에 있어요?
나: 도서관에 있어요. 도서관에서 책을 읽어요.

- 저는 집에서 쉬어요.
- 애니 씨는 피시방에서 게임을 해요.
- 지민 씨는 커피숍에서 커피를 마셔요.

연습하세요

집에서 무엇을 해요?

집에서 요리를 해요.

| 집 | 학교 | 커피숍 |

❶

❷

❸

❹

새 표현 게임(을) 하다   요리(를) 하다

[동]-ㅂ니다 / 습니다

가: 주말에 무엇을 합니까?
나: 집에서 쉽니다.

· 강촌역에서 친구를 만납니다.
· 요즘 저는 편의점에서 일합니다.
· 어제 공원에서 책을 읽었습니다.

연습하세요

프엉 씨는 지금 무엇을 합니까?

교실에서 잡니다.

새 표현   강촌역   편의점

함께 해 봅시다

준비하세요

이야기하세요.

> 주말에 무엇을 합니까?

> 커피숍에서 친구를 만납니다.

해 보세요

주말에 무엇을 했습니까? 이야기하세요.

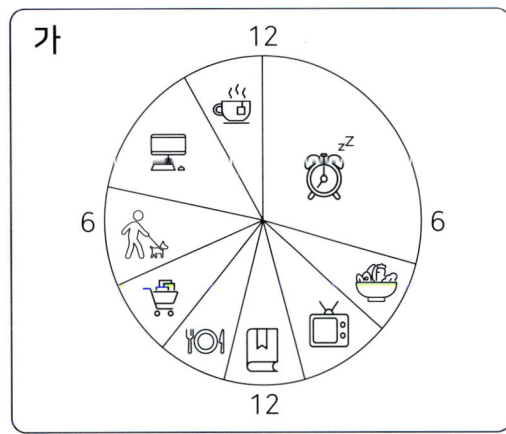

> 주말에 무엇을 했습니까?

> 저는 집에서 텔레비전을 봤습니다.

새 표현   방

더 해 보세요

1. 주말에 무엇을 합니까? 무엇을 했습니까? 읽으세요.

> 저는 주말에 커피숍에서 아침을 먹습니다.
> 그리고 도서관에서 한국어 공부를 합니다.
> 가끔 친구를 만납니다. 그리고 영화관에서 영화를 봅니다.
> 저는 지난 주말에 시장에서 옷을 샀습니다.
> 그리고 친구 집에서 요리를 했습니다. 재미있었습니다.

문제 이 사람은 주말에 무엇을 합니까? 했습니까? 맞는 것을 모두 고르세요.

청소하다   산책하다   (친구를 만나다)   요리하다   책을 읽다   시장에 가다   공부하다

2. 주말에 무엇을 합니까? 무엇을 했습니까? 쓰세요.

저는 주말에 _____
_____
_____
_____

새 표현   아침을 먹다   가끔   재미있다

UNIT 5

Unit 5. 약속

13. 아홉 시에 공항에 가요

14. 무슨 요일에 만날까요?

15. 3일부터 7일까지 시험이에요

UNIT 5 약속

13 아홉 시에 공항에 가요.

어휘 시간과 숫자 ❷
문법 몇 시예요?
[명]에

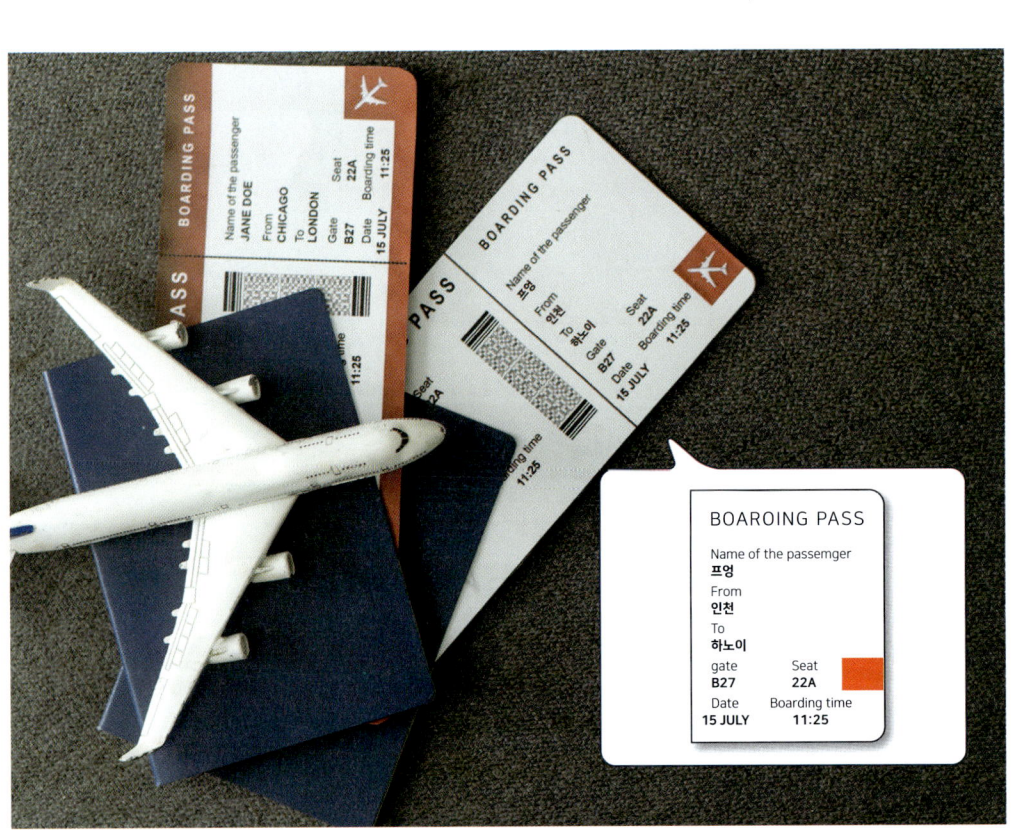

이야기하세요.

1) 어디에 갑니까?
2) 몇 시에 갑니까?

1. 그림을 보고 이야기하세요.

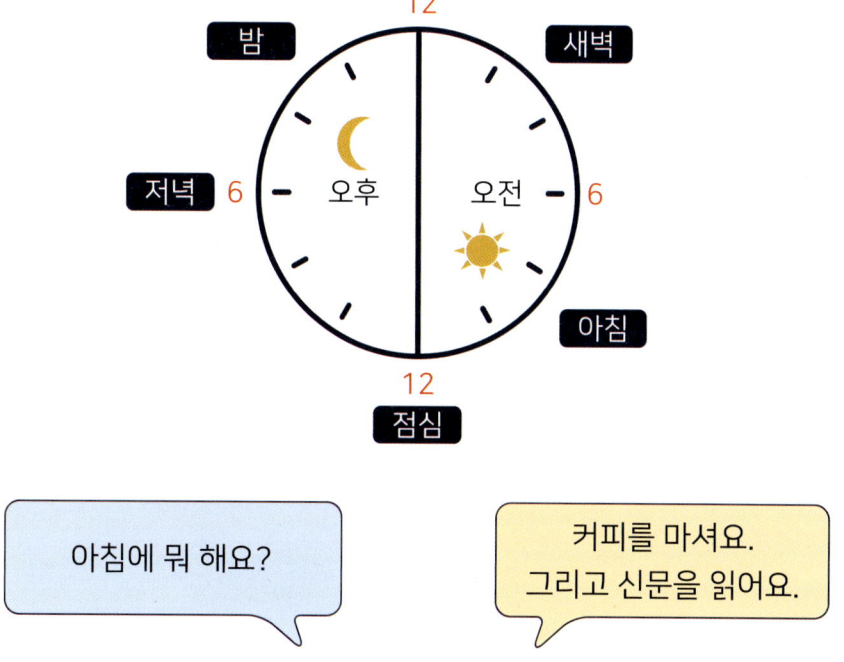

아침에 뭐 해요?

커피를 마셔요.
그리고 신문을 읽어요.

2. 몇 분이에요? 이야기하세요.

5:01	5:02	5:03	5:04	5:05	5:06	5:07	5:08	5:09	5:10
일 분	이 분	삼 분	사 분	오 분	육 분	칠 분	팔 분	구 분	십 분

몇 분이에요?

다섯 시 일 분이에요.

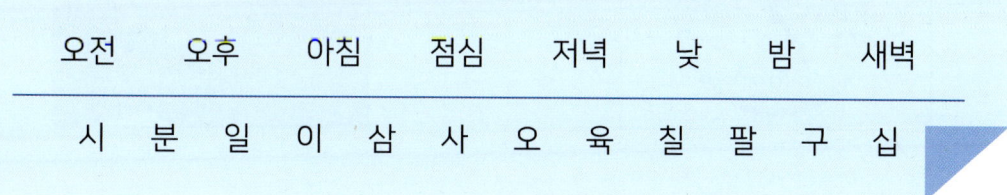

몇 시예요?

가: 몇 시예요?
나: 세 시예요.

· 서울은 지금 두 시예요.
· 하노이는 지금 낮 열두 시예요.
· 런던은 지금 새벽 세 시예요.

연습하세요

지금 몇 시예요?

열한 시 십오 분이에요.

❶

❷

❸

❹

[명]에

가: 몇 시에 일어나요?
나: 일곱 시 반에 일어나요.

· 오후 두 시에 점심을 먹어요.
· 저녁에 카페에서 친구를 만났어요.
· 저는 새벽 여섯 시에 일어나요. 그리고 책을 읽어요.

연습하세요

몇 시에 자요?

열두 시에 자요.

| 자다 | 학교에 가다 | 운동을 하다 |
| 일어나다 | 먹다 | 집에 오다 |

새 표현 차

함께 해 봅시다

준비하세요

이야기하세요.

- 아침에 뭐 해요?
- 점심에 뭐 해요?
- 저녁에 뭐 해요?
- 밤에 뭐 해요?

해 보세요

생활 계획표를 만드세요.

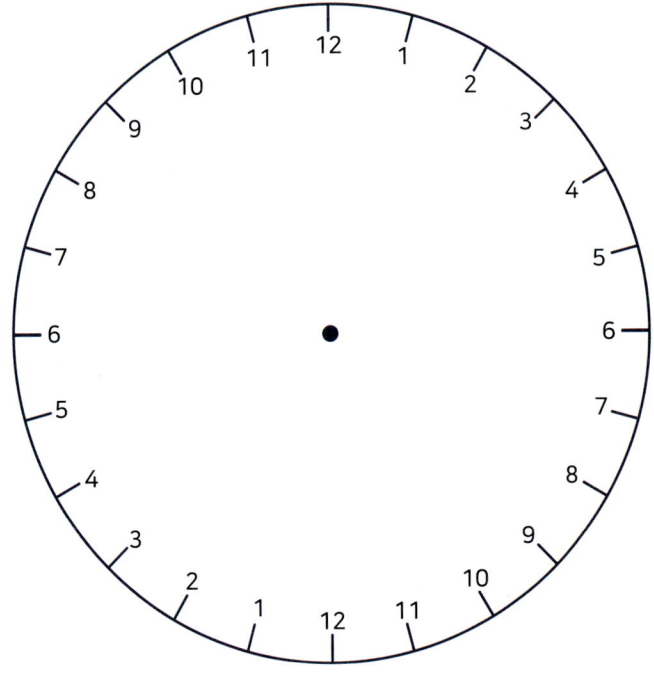

- 일어나다
- 자다
- 밥을 먹다
- 쉬다
- 공부하다
- 산책하다
- 청소하다
- 운동하다
- 책을 읽다
- 음악을 듣다
- 영화를 보다
- 친구를 만나다

새 표현   일어나다

더 해 보세요

친구는 무엇을 해요? 잘 들으세요. 그리고 쓰세요.

_____ 씨의 생활 계획표

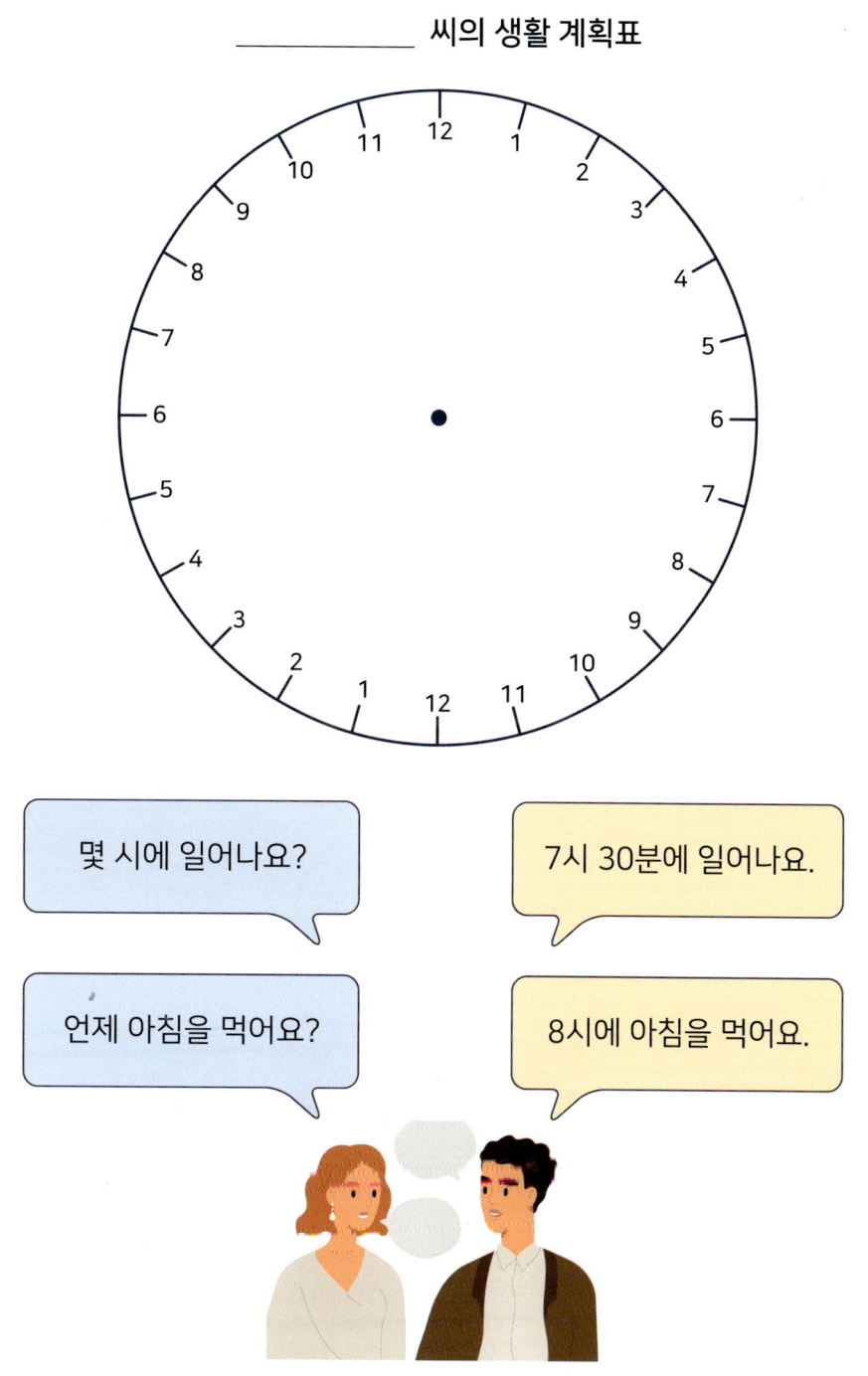

UNIT 5 약속

14 무슨 요일에 만날까요?

어휘 동사 ❸
문법 무슨 요일이에요?
[동]-(으)ㄹ까요? ❶

이야기하세요.

1) 이 사람은 어디에 가요?

2) 이 사람은 무엇을 해요?

1. 그림을 보고 이야기하세요.

뭐 해요?

등산을 가요.

2. 오늘 뭐 해요? 이야기하세요.

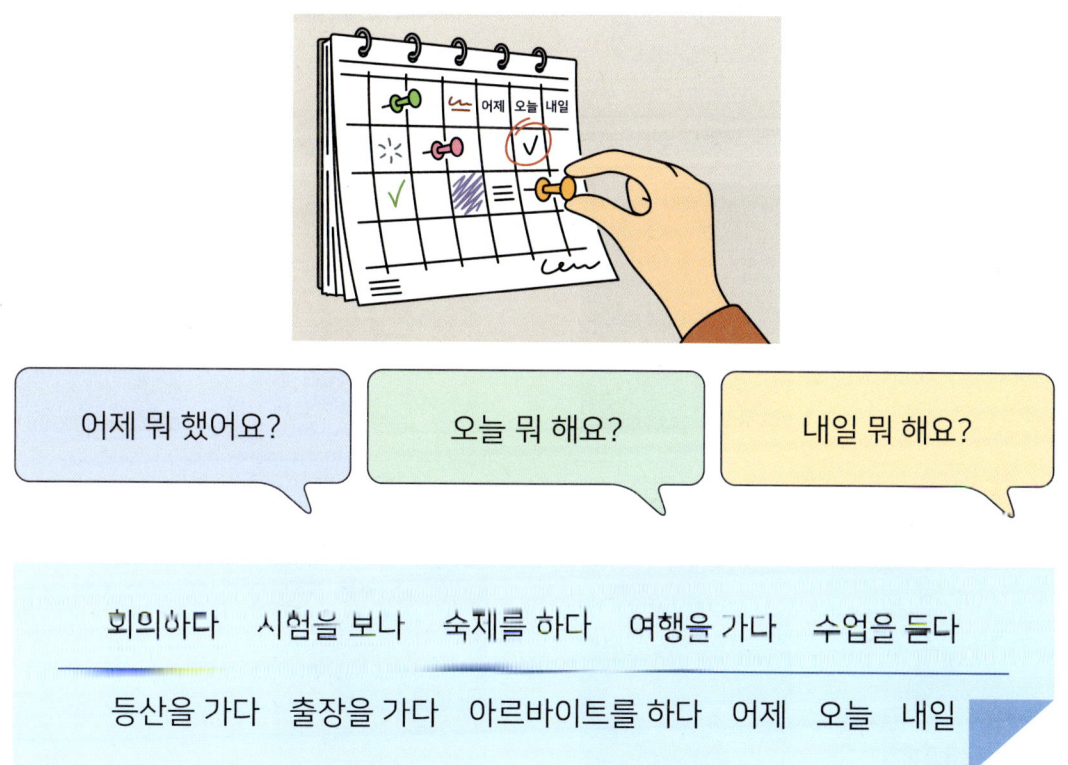

어제 뭐 했어요? 오늘 뭐 해요? 내일 뭐 해요?

회의하다   시험을 보다   숙제를 하다   여행을 가다   수업을 듣다

등산을 가다   출장을 가다   아르바이트를 하다   어제   오늘   내일

unit 5. 약속

무슨 요일이에요?

가: 오늘은 무슨 요일이에요?
나: 수요일이에요.

· 토요일에 여행을 가요.
· 수요일에 아르바이트를 해요.
· 월요일 점심에 친구를 만났어요.

연습하세요

월요일에 뭐 해요?

장을 봐요.

| 월요일 | 화요일 | 수요일 | 목요일 |

| 금요일 | 토요일 | 일요일 |

[동]-(으)ㄹ까요? ①

가: 우리 금요일에 만날까요?
나: 네. 좋아요.

- 토요일에 뭘 할까요?
- 같이 커피를 마실까요?
- 무슨 요일에 만날까요?

연습하세요

우리 같이 영화를 볼까요?

금요일에 봐요.

네. 좋아요. 언제 볼까요?

❶ 영화를 **보다** / 언제 / 금요일

❷ 점심을 **먹다** / 뭘 / 비빔밥

❸ 숙제를 **하다** / 몇 시 / 15:00

❹ 등산을 **가다** / 무슨 요일 / 금요일

새 표현   같이

함께 해 봅시다

준비하세요

친구와 이야기하세요.

주말에 친구를 만나요. 뭐 해요?

영화를 봐요.

해 보세요

들으세요. 🎧 14

가: 호준 씨, 금요일에 시간이 있어요?
나: 미안해요. 금요일에 시험을 봐요.
가: 그럼 토요일에 같이 영화를 볼까요?
나: 네. 좋아요. 몇 시에 만날까요?
가: 오전 11시에 지하철역에서 만나요.
나: 네. 우리 같이 점심을 먹을까요?
가: 좋아요. 같이 햄버거를 먹어요.

문제 **맞으면 ○ 틀리면 × 하세요.**

① 두 사람은 금요일에 만나요. (   )
② 두 사람은 같이 영화를 봐요. (   )
③ 두 사람은 같이 시험을 봐요. (   )

새 표현   그럼   지하철역

더 해 보세요

1. 무엇을 해요? 세 개를 고르세요. 그리고 쓰세요.

> 시험을 보다   회의하다   여행을 가다   수업을 듣다
>
> 숙제를 하다   아르바이트를 하다   영화를 보다   등산을 하다

(가)

월	화	수	목	금	토	일

(나)

월	화	수	목	금	토	일

2. 친구와 이야기하세요.

- _____씨, 월요일에 시간이 있어요?
- 미안해요. 월요일에 아르바이트를 해요.
- 그럼 목요일에 만날까요?
- 네. 좋아요. 우리 같이 쇼핑할까요?
- 좋아요. 몇 시에 만날까요?
- 그럼 한 시에 만나요.

UNIT 5 약속

15 3일부터 7일까지 시험이에요.

어휘 날짜와 빈도 부사
문법 며칠이에요?
[명]부터 [명]까지

이야기하세요.

1) 무슨 요일에 시험을 봐요?
2) 언제 여행을 가요? 어디에 가요?

1. 며칠이에요? 이야기하세요.

한국어 시험은 몇 월 며칠이에요?

7월 4일이에요.

2. 무엇을 해요? 이야기하세요.

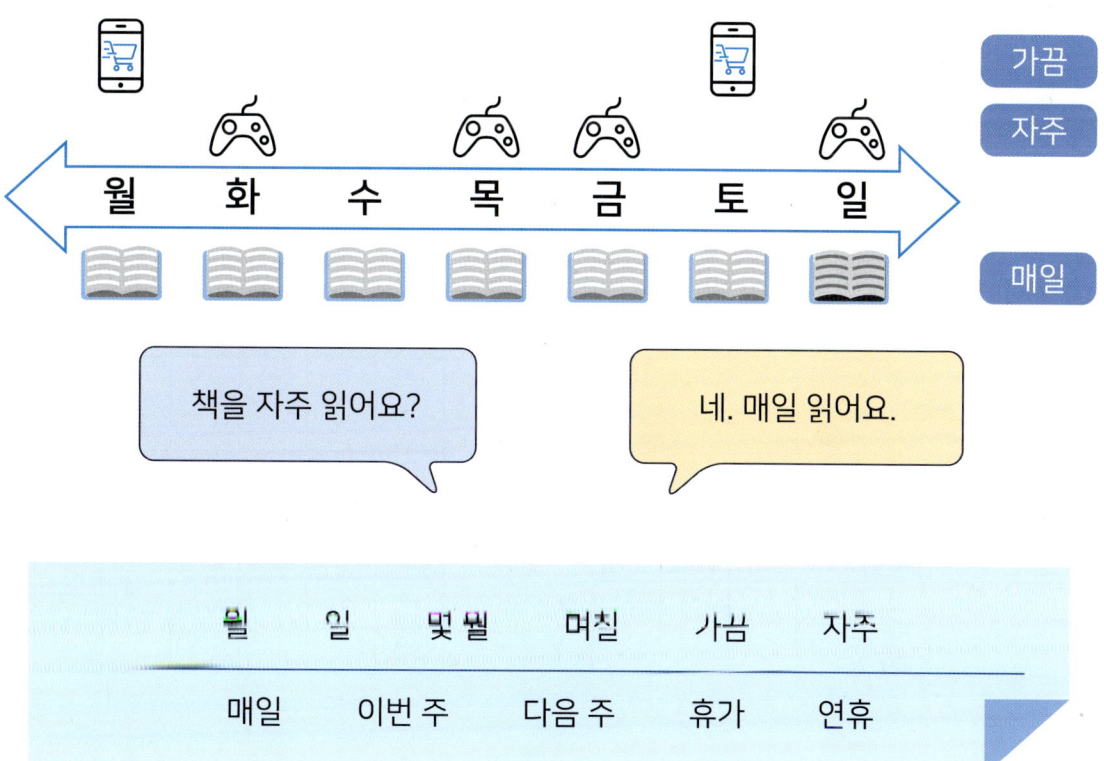

책을 자주 읽어요?

네. 매일 읽어요.

며칠이에요?

가: 안나 씨 생일은 며칠이에요?
나: 4월 5일이에요.

- 제 생일은 9월 10일이에요.
- 6월 24일에 한국어 시험을 봐요.
- 저는 11월 12일에 한국에 왔어요.

연습하세요

미셸 씨, 생일이 언제예요?

제 생일은 3월 27일이에요.

1) 3월

월요일	화요일	수요일	목요일	금요일	토요일	일요일
24	25	26	27 생일	28	29	30

2) 10월

월요일	화요일	수요일	목요일	금요일	토요일	일요일
8	9	10	11	12 생일	13	14

3) 11월

월요일	화요일	수요일	목요일	금요일	토요일	일요일
17	18	19 생일	20	21	22	23

4) 5월

월요일	화요일	수요일	목요일	금요일	토요일	일요일
20 생일	21	22	23	24	25	26

[명]부터 [명]까지

금	토	일
5	6	7
	휴가	

가: 휴가는 언제예요?
나: 7월 5일부터 7월 7일까지예요.

- 어츠 씨는 아홉 시부터 열두 시까지 한국어 공부를 해요.
- 저는 월요일부터 금요일까지 아르바이트를 해요.
- 방학은 12월 20일부터 2월 15일까지예요.

연습하세요

언제 출장을 가요?

1일부터 2일까지 출장을 가요.

월요일	화요일	수요일	목요일	금요일	토요일	일요일
1 출장	2	3	4	5	6 여행	7
8	9	10	11 시험	12	13	14
15 방학	16	17	18	19	20	21
22	23	24	25	26	27	28

함께 해 봅시다

준비하세요

오늘 뭐 해요? 이번 주에 뭐 해요? 이야기하세요.

- 오늘 뭐 해요?
- 이번 주에 뭐 해요?
- 다음 주에 뭐 해요?

해 보세요

읽으세요

저는 매일 아침 7시에 일어납니다. 그리고 학교에 갑니다.

오전 9시부터 오후 1시까지 한국어 수업을 듣습니다.

그리고 학생 식당에서 점심을 먹습니다. 주말에는 친구들을 만납니다.

이번 주에는 한국어 수업이 없습니다. 다음 주 월요일부터 금요일까지 방학입니다.

그래서 다음 주에 여행을 갑니다. 남이섬에 갑니다. 닭갈비를 먹습니다.

문제 **맞으면 ○ 틀리면 × 하세요.**

① 이 사람은 매일 아침 9시에 일어나요.   (   )
② 이 사람은 이번 주에 한국어 수업을 들어요. (   )
③ 이 사람은 다음 주에 남이섬에 가요.   (   )

새 표현   수업을 듣다   수업이 없다   남이섬   닭갈비

더 해 보세요

이번 주에 뭐 해요? 다음 주에 뭐 해요? 쓰세요.

_____월

월	화	수	목	금	토	일

매일	
이번 주	
다음 주	

UNIT 6

Unit 6. 쇼핑

16. 이 시계가 얼마예요?
17. 가방이 너무 작고 비싸요
18. 하얀색 바지하고 검은색 바지만 있어요

UNIT 6 쇼핑

16 이 시계가 얼마예요?

어휘 화폐와 의복
문법 [명]이 / 가 얼마예요?
[명]도

이야기하세요.

1) 남자는 누구예요?
2) 여자는 지금 무엇을 해요?

1. 얼마예요? 이야기하세요.

반지가 얼마예요?

십삼만이천 원이에요.

100	2,000	30,000	400,000	5,000,000
백	이천	삼만	사십만	오백만

2. 그림을 보고 친구와 이야기하세요.

뭘 드릴까요?

티셔츠 주세요.

백 천 만 원 얼마 치마 바지 티셔츠 원피스 코트 장갑 양말

[명]이 / 가 얼마예요?

25,000원

가: 바지가 얼마예요?
나: 이만 오천 원이에요.

· 이 셔츠가 얼마예요?

· 안경이 얼마예요?

· 바나나가 얼마예요?

연습하세요

시계가 얼마예요?

사만 삼천 원이에요.

❶ 43,000원

❷ 57,000원

❸ 85,000원

❹ 657,900원

[명]도

가: 뭘 드릴까요?

나: 이 옷 주세요. 그리고 모자도 주세요.

- 샌드위치를 주세요. 그리고 커피도 주세요.
- 저는 중국어를 배워요. 그리고 한국어도 배워요.
- 저는 한국 음식을 좋아해요. 그리고 한국 음악도 좋아해요.

연습하세요

뭘 드릴까요?

티셔츠를 주세요. 그리고 바지도 주세요.

새 표현 좋아하다   음악

함께 해 봅시다

준비하세요

친구와 이야기하세요.

> 무엇을 자주 사요?

> 책을 자주 사요. 그리고 사과도 자주 사요.

해 보세요

들으세요. 🎧16

가: 어서 오세요. 뭘 드릴까요?
나: 안녕하세요. 이 모자가 얼마예요?
가: 25,000원이에요.
나: 그 장갑이 얼마예요?
가: 13,000원이에요.
나: 이 모자 주세요. 그리고 장갑도 주세요.
가: 네. 잠깐만 기다리세요.
나: 모두 얼마예요?
가: 38,000원이에요.
나: 여기 있어요. 감사합니다.

문제

1. 여자는 무엇을 사요? 모두 쓰세요.

2. 모두 얼마예요? 쓰세요.

새 표현   어서 오세요   잠깐만   기다리세요   모두

더 해 보세요

무엇을 사요? 친구와 역할극을 하세요.

어서 오세요. 뭘 드릴까요?

_____원이에요.

_____원이에요.

네. 잠깐만 기다리세요.

안녕하세요. 이 _____이/가 얼마예요?

그 _____이/가 얼마예요?

이 _____ 주세요. 그리고 _____도 주세요.

UNIT 6 쇼핑

17 가방이 너무 작고 비싸요.

어휘 형용사❶
문법 [형]-어요
[동]-고❶ / [형]-고❶

이야기하세요.

1) 이 사람은 무엇을 샀어요?
2) 무슨 문제가 있어요?

1. 그림을 보고 쓰세요.

2. 교실에서 친구와 이야기하세요.

[형]-어요

가: 옷이 커요?

나: 네. 옷이 커요.

- 시계가 비싸요.
- 연필이 너무 짧아요.
- 도서관에 책이 많아요.

연습하세요

바지가 작아요?

네. 바지가 작아요.

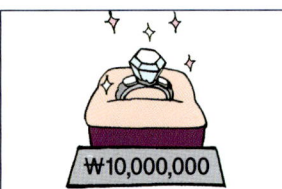 

- 싸다
- 비싸다
- 작다
- 크다
- 길다
- 짧다
- 많다
- 적다
- 높다
- 낮다
- 좋다
- 나쁘다

새 표현　너무

[동]-고❶ / [형]-고❶

가: 공원이 어때요?
나: 공원이 넓고 나무가 많아요.

- 가방이 싸고 좋아요.
- 주말에 공원에 가고 친구를 만나요.
- 아침에 커피를 마시고 신문을 읽어요.

연습하세요

아침에 뭐 해요?

샤워하고 밥을 먹어요.

❶
아침에 뭐 해요?	샤워하다
	밥을 먹다

❷
주말에 뭐 해요?	운동하다
	쉬다

❸
학생 식당이 어때요?	싸다
	맛있다

❹
우리 학교가 어때요?	건물이 좋다
	운동장이 넓나

새 표현 어때요 넓다 나무 샤워하다 학생 식당 운동장

함께 해 봅시다

준비하세요

친구와 이야기하세요.

매일 뭐 해요?

장을 보고 친구를 만나요.

해 보세요

읽으세요.

저는 한국에서 살아요. 매일 학교에 가요. 학교에서 한국어를 공부하고 친구도 만나요. 한국어 공부는 어려워요. 하지만 재미있어요. 그리고 제 친구 미나는 친절해요. 저는 미나가 좋아요. 우리는 점심에 학생 식당에 가요. 학생 식당 음식은 싸고 맛있어요. 저는 한국 생활이 정말 재미있고 좋아요.

문제 이 사람은 한국에서 무엇을 해요? 맞는 것을 모두 고르세요.

① 한국어를 공부해요.
② 학교에서 친구를 만나요.
③ 매일 아침 학생 식당에 가요.

새 표현 하지만 친절하다 한국 생활

더 해 보세요

1. 무엇을 해요?

어디에 자주 가요?

거기에서 무엇을 해요? 어때요?

누구를 만나요? 어때요?

한국 생활이 어때요?

2. 한국 생활이 어때요? 쓰세요.

UNIT 6 쇼핑

18 하얀색 바지하고 검은색 바지만 있어요

어휘 형용사 ❷
문법 [명]하고 [명]만

이야기하세요.

1) 여기는 어디예요?
2) 두 사람은 지금 무엇을 해요?

1. 그림을 보고 이야기하세요.

유나 씨가 멋있어요.

2. 무슨 색을 좋아해요?

무슨 색을 좋아해요?

노란색을 좋아해요.

멋있다   예쁘다   다르다   길다   싫다

빨간색   노란색   초록색   파란색   하얀색   검은색

[명]하고

가: 노란색 원피스하고 이 구두 주세요.

나: 네. 잠깐만 기다리세요.

- 저하고 에바 씨는 고향이 같아요.
- 어제 백화점에서 빨간색 모자하고 파란색 장갑을 샀어요.
- 이 가방하고 그 가방은 색이 달라요. 이 가방이 더 예뻐요.

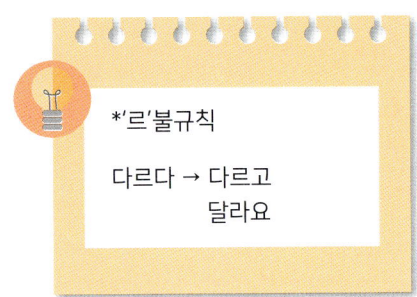

*'르'불규칙

다르다 → 다르고
　　　　　달라요

연습하세요

점심에 뭘 먹어요?

주스하고 샌드위치를 먹어요.

❶ 먹다

❷ 사다

❹ 만나다

❺ 만들다

새 표현　색　만들다

[명]만

가: 과자도 드릴까요?
나: 아니요. 그냥 커피만 주세요.

- 생일 파티에 샤샤 씨만 왔어요. 다른 친구들은 안 왔어요.
- 저는 한국 음식이 좋아요. 매운 음식만 싫어요.
- 냉장고 안에 음식이 없어요. 물만 있어요.

연습하세요

옷을 많이 샀어요?

아니요. 바지만 샀어요.

		코트	티셔츠	바지	치마	원피스
1)	옷을 많이 샀어요?	×	×	○	×	×
2)	에릭 씨 친구들은 매운 음식을 좋아해요?	저	양양	안나	프엉	엥흐진
		○	×	×	×	×
3)	냉장고 안에 음식이 많이 있어요?	사과	주스	바나나	물	빵
		×	×	×	○	×
4)	언제 쉬어요?	월요일	화요일	수요일	목요일	금요일
		×	×	×	×	○

새 표현 과자 다른 냉장고 매운 음식 물 많이

unit 6. 쇼핑

함께 해 봅시다

준비하세요

친구와 이야기하세요.

무엇을 먹어요?

라면하고 김밥을 먹어요.

해 보세요

순서에 맞게 쓰세요.

① 손님, 정말 죄송합니다. 지금 빨간색 가방만 있습니다.

② 여기 있어요. 감사합니다.

③ 15만 원입니다.

④ 어서 오세요. 뭘 드릴까요?

⑤ 그래요? 그럼 그 빨간색 가방하고 이 검은색 지갑을 주세요. 모두 얼마예요?

⑥ 검은색 가방을 하나 주세요.

( ) → ( ) → ( ) → ( ) → ( ) → ( )

문제 이 사람은 무엇을 샀어요? 쓰세요.

새 표현   손님   정말   죄송하다   그래요?   지갑

더 해 보세요

1. 지금 어디에 가요? 고르세요.

가게	식당	커피숍
검은색 가방 × 빨간색 가방 ○ + 검은색 지갑 ○	치즈버거 × 불고기버거 ○ + _____	콜라 × 사이다 ○ + _____

2. 친구와 역할극을 하세요.

> 어서 오세요. 뭘 드릴까요?

> _____을/를 주세요.

> 손님, 정말 죄송합니다.
> ...

새 표현   치즈버거   사이다

UNIT 7

Unit 7. 여행

19. 친구하고 여행을 갈 거예요

20. 바다에 가서 사진을 찍을 거예요

21. 여행이 힘들지만 재미있어요

UNIT 7 여행

19 친구하고 여행을 갈 거예요.

어휘 여행
문법 [동]-(으)ㄹ 거예요
[동]-(으)러 가다 / 오다

이야기하세요.

1) 여기는 어디예요?
2) 이 사람은 무엇을 해요?

■ **여행을 가요. 무엇을 해요?**

캠핑을 하다   친구를 사귀다

사진을 찍다   산에 올라가다   시장을 구경하다   식당을 찾아보다

[동]-(으)ㄹ 거예요

가: 이번 주말에 뭐 할 거예요?
나: 바다에 갈 거예요.

· 이번 주 금요일에 산에 올라갈 거에요.

· 오후에 시장을 구경할 거예요.

· 내일 비가 올 거예요.

연습하세요

방학에 뭐 할 거예요?

친구하고 여행을 갈 거예요.

방학
오늘
내일
주말
생일

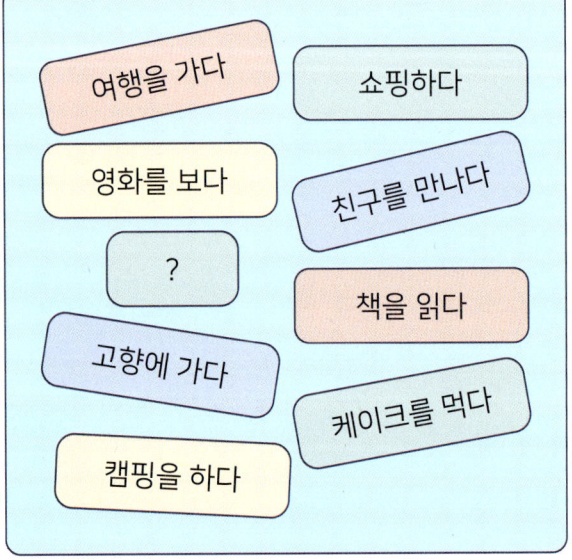

여행을 가다
쇼핑하다
영화를 보다
친구를 만나다
?
책을 읽다
고향에 가다
케이크를 먹다
캠핑을 하다

[동]-(으)러 가다 / 오다

가: 어디에 가요?
나: 수영을 하러 가요.

· 커피숍에 사진을 찍으러 가요.
· 카페에 친구를 만나러 가요.
· 가: 어떻게 오셨어요?
　나: 바나나를 사러 왔어요.

연습하세요

어디에 가요?　　　　　도서관에 책을 빌리러 가요.

❶

❷

❸

❹

새 표현　어떻게 오셨어요?　빌리다

unit 7. 여행

함께 해 봅시다

준비하세요

친구와 이야기하세요.

> 어디에 여행을 갈 거예요?

> 제주도에 전복죽을 먹으러 갈 거예요.

해 보세요

들으세요. 🎧19

> 가: 이번 방학에 뭘 할 거예요?
> 나: 여행을 갈 거예요.
> 가: 우와, 정말요? 어디에 갈 거예요?
> 나: 제주도에 갈 거예요.
> 가: 누구하고 같이 갈 거예요?
> 나: 한국 친구하고 같이 갈 거예요.
> 가: 거기에서 뭘 할 거예요?
> 나: 바다에 수영하러 갈 거예요. 거기에서 사진도 많이 찍을 거예요.
> 가: 제주도 음식도 먹을 거예요?
> 나: 네. 제주도 음식을 먹으러 시장에 갈 거예요.

문제

1. 잘 듣고 맞으면 ○, 틀리면 × 하세요.

① 여자는 이번 방학에 제주도에 갈 거예요. (   )
② 남자는 시장에서 사진을 많이 찍을 거예요. (   )
③ 남자는 친구하고 같이 바다에서 수영을 할 거예요. (   )

2. 남자는 제주도에서 어디에 갈 거예요? 모두 쓰세요.

새 표현 같이   전복죽

140

더 해 보세요

방학에 무엇을 할 거예요? 친구와 역할극을 하세요.

- 이번 방학에 뭘 할 거예요?
- 어디에 갈 거예요?
- 누구하고 같이 갈 거예요?
- 거기에서 뭘 할 거예요?

- 여행을 갈 거예요.
- _____
- _____
- _____

UNIT 7 여행

20 바다에 가서 사진을 찍을 거예요.

어휘 날씨
문법 [동]-어서 ❶
안 [동] / 안 [형]

이야기하세요.

1) 이 사람은 어디에 있어요?
2) 이 사람은 지금 무엇을 해요?

1. 그림을 보고 이야기하세요.

2. 지도를 보고 이야기하세요.

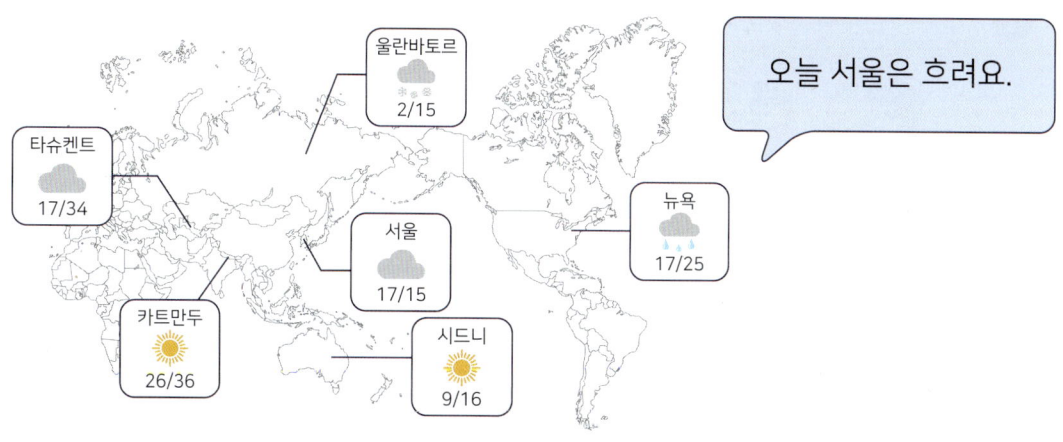

비가 오다 눈이 오다 맑다 흐리다 춥다 덥다 시원하다 따뜻하다

[동]-어서 ❶

가: 여행을 가서 뭘 할 거예요?
나: 사진을 찍을 거예요.

· 식당에 가서 밥을 먹어요.

· 친구를 만나서 영화를 봤어요.

· 케이크를 만들어서 친구에게 줄 거예요.

연습하세요

어제 뭐 했어요?

친구를 만나서 이야기했어요.

❶ 친구를 만나다

❷ 축구를 보다

❹ 떡볶이를 만들다

❺ 선물을 사다

안 [동] / 안 [형]

가: 오늘 학교에 가요?
나: 아니요. 학교에 안 가요.

· 오늘은 별로 안 더워요.
· 어제 저녁을 안 먹었어요.
· 주말에 비가 안 올 거예요.

*'ㅂ'불규칙
춥다 → 춥고   추워요
           추울 거예요
덥다 → 덥고   더워요
           더울 거예요

연습하세요

고기를 먹어요?

아니요. 고기를 안 먹어요.

❶ 고기를 먹다

❷ 공부하다

❹ 날씨가 춥다

❺ 닭갈비가 맵다

새 표현   닭갈비   맵다

함께 해 봅시다

준비하세요

친구와 이야기하세요.

> 요즘 고향 날씨가 어때요?

> 흐리고 비가 와요. 하지만 안 추워요.

해 보세요

한국하고 고향의 날씨가 어때요? 사람들이 무엇을 해요? 이야기하세요.

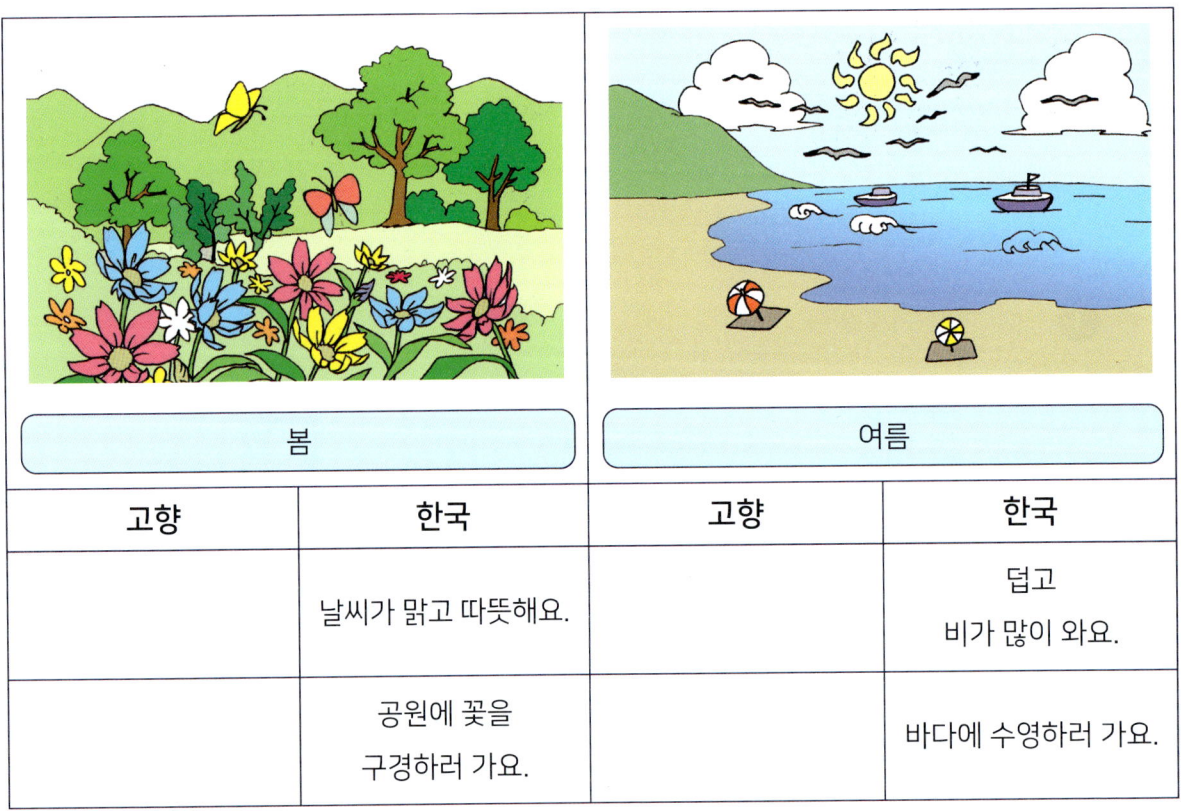

고향	한국	고향	한국
	날씨가 맑고 따뜻해요.		덥고 비가 많이 와요.
	공원에 꽃을 구경하러 가요.		바다에 수영하러 가요.

새 표현 봄 여름

고향	한국	고향	한국
	가을		겨울
	시원해요.		눈이 오고 추워요.
	산에 올라가서 단풍을 구경해요.		눈사람을 만들어요.

더 해 보세요

요즘 고향은 어느 계절이에요?

_____

_____에 날씨가 어때요?

_____

사람들이 무엇을 해요?

_____

새 표현 가을   겨울   단풍   어느 계절

UNIT 7 여행

21 여행이 힘들지만 재미있어요.

어휘 형용사 ❸
문법 [동]-지 않다 / [형]-지 않다
[동]-지만 / [형]-지만

이야기하세요.

1) 지금 날씨가 어때요?
2) 이 사람은 기분이 어때요?

■ 그림을 보고 이야기하세요.

바쁘다   힘들다   기쁘다   쉽다   어렵다

재미있다   재미없다   아름답다   깨끗하다

[동]-지 않다 / [형]-지 않다

가: 요즘도 많이 바빠요?
나: 아니요. 바쁘지 않아요.

· 백화점에 사람이 많지 않아요.
· 저는 여름을 별로 좋아하지 않아요.
· 제 친구는 계란하고 고기를 먹지 않아요.

*'ㅡ'탈락
기쁘다 → 기쁘지 않아요
기뻐요
바쁘다 → 바쁘지 않아요
바빠요

연습하세요

요즘 바빠요?

네. 바빠요.

아니요. 바쁘지 않아요.

	이름:	이름:
1) 요즘 바빠요?		
2) 요즘 힘들어요?		
3) 책을 많이 읽어요?		
4) 한국 드라마를 봐요?		
5) 매일 한국어를 공부해요?		
6) 고향 음식이 매워요?		
7) 오늘 고향 날씨가 맑아요?		

새 표현 별로

[동]-지만 / [형]-지만

가: 한국어 공부가 어때요?
나: 어렵지만 재미있어요.

- 김치가 맵지만 맛있어요.
- 비가 오지만 춥지 않아요.
- 저는 운동을 좋아하지만 친구는 안 좋아해요.

연습하세요

학생 식당 음식이 어때요?

좀 싸지만 맛없어요.

		😀	😢
1)	학생 식당 음식이 어때요?	싸다	맛없다
		😭	😀
2)	한국 생활이 어때요?	힘들다	재미있다
		😅	😌
3)	요즘 과일값이 어때요?	비싸다	맛있다
		😊	🥲
4)	동생도 책을 많이 읽어요?	저: 책을 많이 읽다	동생: 책을 안 읽다

새 표현 값

함께 해 봅시다

준비하세요

친구와 이야기하세요.

> 친구를 소개해 보세요.

> 저는 나나 씨를 소개할 거예요. 나나 씨는 책을 좋아해요. 운동을 안 좋아해요. 그리고...

해 보세요

읽으세요.

저는 제 친구 지아 씨를 소개할 거예요. 지아 씨는 한국 사람이에요. 우리는 서점에서 만났어요. 지아 씨하고 저는 거기에서 아르바이트를 해요. 서점 아르바이트는 좀 힘들지만 재미있어요. 지아 씨하고 저는 주말에 아르바이트를 하지 않아요. 그래서 우리는 주말에 만나서 놀아요. 요즘 날씨가 추워요. 그래서 극장에 가서 영화를 봐요. 그리고 커피숍에 가서 차를 마시고 사진을 찍어요. 정말 재미있어요.

문제

1. 이 사람은 주말에 친구하고 무엇을 해요? 맞는 것을 고르세요.

   ① 아르바이트를 해요.
   ② 집에서 영화를 봐요.
   ③ 커피숍에서 사진을 찍어요.

2. 두 사람은 어디에서 만났어요? 쓰세요.

새 표현   소개하다   서점   그래서

더 해 보세요

1. 친구와 이야기하세요.

누구를 소개할 거예요?

그 사람을 어디에서 만났어요?

그 사람을 언제 만나요?

그 사람하고 만나서 무엇을 해요?

2. 친구를 소개하는 글을 쓰세요.

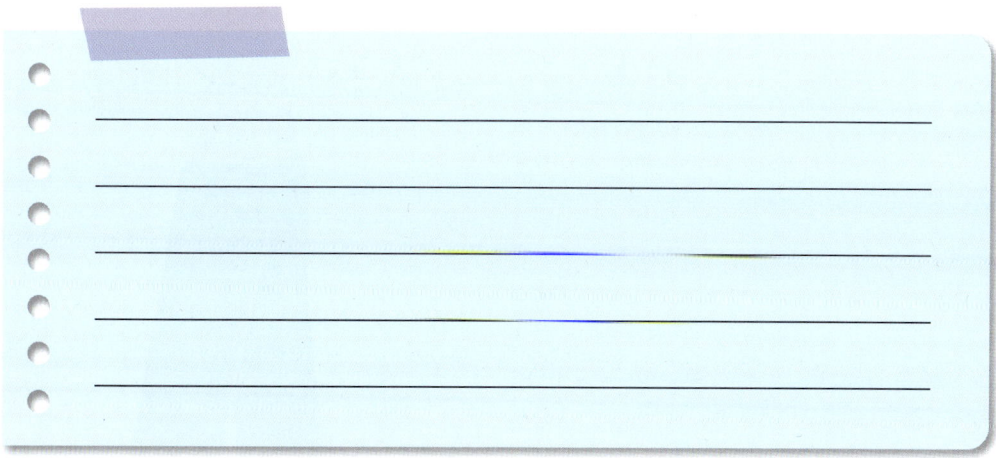

UNIT
8

Unit 8. 교통

22. 여기에 앉으세요

23. 학교에서 집까지 얼마나 걸려요?

24. 길이 복잡하니까 지하철을 탑시다

UNIT 8 교통

22 여기에 앉으세요.

어휘 교통 동사
문법 [동]-(으)세요
[동]-지 마세요

이야기하세요.

1) 여기는 어디예요?
2) 남자는 무엇을 해요?

1. 무엇을 타요?

지하철을 타요.

2. 그림을 보고 이야기하세요.

버스에서 내렸어요.

| 택시 | 버스 | 지하철 | 기차 | 비행기 | 배 |

버스에서 내리다   택시를 타다   자리에 앉다

[동]-(으)세요

가: 할머니, 여기에 좀 앉으세요.
나: 고마워요.

- 춘천역에서 내리세요.
- 여기에서 12번 버스를 타세요.
- 다음 주가 시험이에요? 열심히 공부하세요.

연습하세요

공항에 어떻게 가요?

학교 앞 버스 정류장에서 공항버스를 타세요.

❶ 공항에 어떻게 가요?

❷ 미나 씨 집에 어떻게 가요?

❹ 우체국에 어떻게 가요?

❺ 백화점에 어떻게 가요?

새 표현 할머니 여기 고맙다 열심히 어떻게 버스 정류장 공항버스

[동]-지 마세요

가: 지하철에서 음식을 먹지 마세요.
나: 네. 알겠습니다.

- 여기에 앉지 마세요.
- 박물관에서 사진을 찍지 마세요.
- 교실에서 뛰지 마세요.

연습하세요

극장에서 전화하지 마세요.

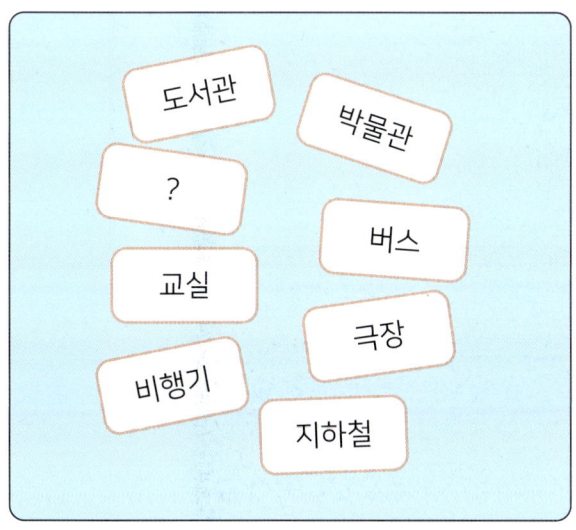

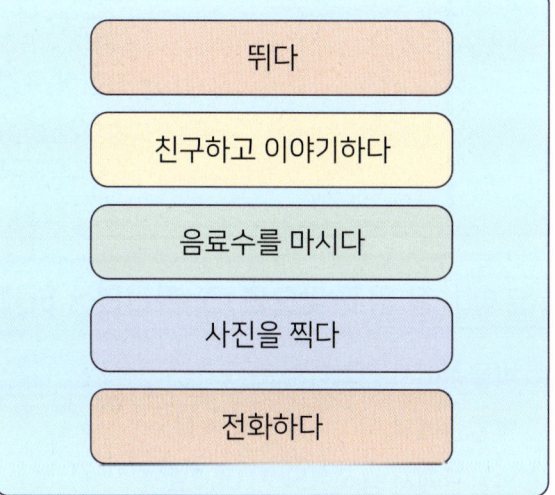

새 표현 뛰다   박물관   음료수   전화하다

함께 해 봅시다

준비하세요

친구와 이야기하세요.

> 박물관에 가서 무엇을 해요?

> 구경하고 설명을 들어요.

해 보세요

읽으세요.

하나 박물관

- 박물관에서 전화하지 마세요.
- 박물관에서 사진을 찍지 마세요.
- 박물관에서 음식을 먹지 마세요.
- 박물관에서 뛰지 마세요.
- 천천히 구경하세요.
- 조용히 이야기하세요.

문제 잘 읽고 맞으면 ○, 틀리면 × 하세요.

① 박물관에서 전화하세요. ( )
② 박물관에서 이야기하지 마세요. ( )
③ 박물관에서 음식을 먹지 마세요. ( )

새 표현 천천히 조용히 설명

더 해 보세요

친구와 안내문을 만드세요.

1. 장소를 고르고 친구와 이야기하세요.

2. 안내문을 만드세요.

UNIT 8 교통

23 학교에서 집까지 얼마나 걸려요?

어휘 방향
문법 [명]에서 [명]까지 얼마나 걸려요?
[명]으로❶

이야기하세요.

1) 여기는 어디예요?
2) 두 사람은 지금 무엇을 해요?

1. 그림을 보고 이야기하세요.

2. 그림을 보고 이야기하세요.

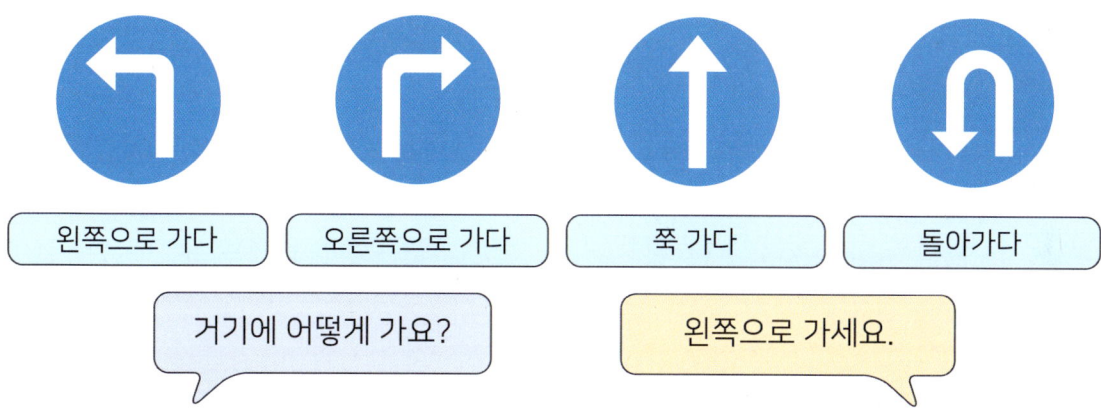

3. 그림을 보고 이야기하세요.

여기   거기   저기   왼쪽으로 가다   오른쪽으로 가다   쭉 가다
돌아가다   나가다   들어가다   올라가다   내려가다

unit 8. 교통

[명]에서 [명]까지 얼마나 걸려요?

가: 집에서 학교까지 얼마나 걸려요?
나: 한 시간쯤 걸려요.

· 서울에서 부산까지 네 시간이 걸려요.
· 한국에서 고향까지 얼마나 걸려요?
· 여기에서 집까지 30분이 걸려요.

연습하세요

지하철역에서 집까지 얼마나 걸려요?

15분쯤 걸려요.

❶ 지하철역 ⇒ 집

15분

❷ 집 ⇒ 회사

40분

❸ 강촌역 ⇒ 학교
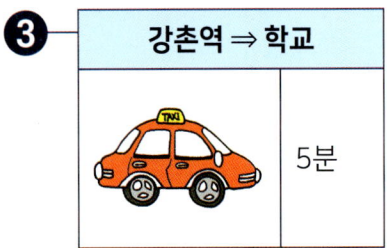
5분

❹ 서울 ⇒ 고향

11시간

새 표현 지하철역   시간   쯤

[명]으로 ❶

가: 식당이 어디에 있어요?

나: 이 건물을 나가서 왼쪽으로 쭉 가세요. 식당은 도서관 옆에 있어요.

· 여기에서 나가서 앞으로 쭉 걸으세요.

· 회사에서 지하철역까지 버스로 10분쯤 걸려요.

· 앞으로 쭉 가세요. 그리고 오른쪽으로 돌아가세요.

연습하세요

거기에 어떻게 가요?

강남역 4번 출구로 나가세요.

❶

❷

❸

❹

새 표현 출구

unit 8. 교통

함께 해 봅시다

준비하세요

친구와 이야기하세요.

> 운동장이 어디에 있어요?

> 이 건물을 나가서 오른쪽으로 쭉 가세요.
> 운동장은 식당 옆에 있어요.

해 보세요

지금 지하철역에 있어요. 어떻게 가요? 친구와 이야기하세요.

※ 나는 (가)를 보고 이야기합니다.

(가)　**백화점**　**박물관**　**약국**

새 표현　길을 건너다　운동장

더 해 보세요

> 지하철역에서 학교까지 얼마나 걸려요?

> 15분쯤 걸려요.

> 어떻게 가요?

> 3번 출구로 나가서 길을 건너세요. 그리고 왼쪽으로 돌아가세요. 학교는 공원 앞에 있어요.

지금 지하철역에 있어요. 어떻게 가요? 친구와 이야기하세요.
※ 친구는 (나)를 보고 이야기합니다.

UNIT 8 교통

24. 길이 복잡하니까 지하철을 탑시다

어휘 교통
문법 [동]-(으)니까/[형]-(으)니까
　　　 [동]-(으)ㅂ시다

이야기하세요.

1) 여자는 지금 무엇을 봐요?
2) 여자는 거기까지 어떻게 가요?

■ 그림을 보고 이야기하세요.

길이 복잡하다

길을 잃어버리다

길을 묻다

길을 찾다

명동에 갔어요. 길이 복잡했어요.
그래서 길을 잃어버렸어요.

횡단보도를 건너다

지하철을 갈아타다

교통이 편리하다

길이 복잡하다   길을 잃어버리다   길을 묻다   길을 찾다

횡단보도를 건너다   지하철로 갈아타다   교통이 편리하다

unit 8. 교통

[동]-(으)니까 / [형]-(으)니까

가: 주말에 어디에 갈까요?
나: 요즘 날씨가 따뜻하니까 공원에 가요.

- 비가 오니까 우산을 쓰세요.
- 길이 복잡하니까 지하철을 타세요.
- 한국에서 사니까 재미있어요.

*'ㄹ'탈락
만들다 → 만들어요
         만드니까
살다   → 살아요
         사니까

연습하세요

날씨가 추우니까 코트를 입으세요.

1) 날씨가 춥다 • • 기분이 정말 좋았어요.
2) 요즘 아르바이트를 하다 • • 시간이 없어요.
3) 산에 올라가다 • • 한국어가 쉬워요.
4) 지하철을 타다 • • 늦지 않을 거예요.
5) 캠핑을 하다 • • 코트를 입으세요.
6) 비가 많이 오다 • • 정말 재미있었어요.
7) 열심히 공부하다 • • 택시를 타세요.

새 표현 쓰다 살다 늦다

[동]-(으)ㅂ시다

가: 길이 복잡하니까 지하철을 탑시다.

나: 네. 좋아요.

- 차를 잘 보고 횡단보도를 건넙시다.
- 양양 씨 생일에 케이크를 만듭시다.
- 교실에서 전화하지 맙시다.

연습하세요

무슨 요일에 만날까요?

금요일은 바쁘니까 토요일에 만납시다.

	질문	이름:	이름:	이름:
1)	무슨 요일에 만날까요?			
2)	몇 시에 만날까요?			
3)	어디에서 만날까요?			
4)	만나서 뭘 할까요?			
5)				

새 표현　잘

unit 8. 교통

함께 해 봅시다

준비하세요

친구와 이야기하세요.

> 만나서 뭘 할까요?

> 요즘 날씨가 좋으니까 같이 산에 올라갑시다.

해 보세요

들으세요. 🎧24

> 가: 오늘 오후에 약속이 있어요?
> 나: 아니요. 없어요. 집에 가서 쉴 거예요.
> 가: 저는 오늘 날씨가 좋으니까 산에 갈 거예요. 에릭 씨도 같이 가요.
> 나: 좋아요. 같이 갑시다. 여기에서 근처 산까지 얼마나 걸려요?
> 가: 버스를 탈 거예요. 30분쯤 걸려요.
> 나: 그런데 지금 길이 복잡하니까 지하철을 탈까요?
> 가: 좋아요. 지하철을 탑시다.
> 나: 지금 시간이 없으니까 여기에서 지하철역까지 택시를 탈까요?
> 가: 좋아요. 저기에 택시가 있어요.
> 나: 빨리 타러 가요.

문제

1. 잘 듣고 맞으면 ○, 틀리면 × 하세요.

① 근처 산까지 30분쯤 걸려요.   (   )
② 두 사람은 집에 가서 쉴 거예요.   (   )
③ 두 사람은 택시를 타고 산에 갈 거예요. (   )

2. 두 사람은 무엇을 타요? 맞는 것에 모두 표시(√)하세요.

| 버스 | 지하철 | 택시 | 기차 |

새 표현   빨리

더 해 보세요

방학에 무엇을 할 거예요? 친구와 역할극을 하세요.

- 오늘 오후에 약속이 있어요?
- 아니요. 없어요.
- 저는 오늘 날씨가 좋으니까 산에 갈 거예요. 에릭 씨도…
- _____

UNIT 9

Unit 9. 취미

25. 저는 아침마다 운동해요
26. 자전거를 타고 싶어요
27. 피아노를 잘 쳐요?

UNIT 9 취미

25 저는 아침마다 운동해요

어휘 취미 ❶
문법 [명]마다
[명]보다

이야기하세요.

1) 사람들이 무엇을 해요?
2) 시간이 있어요. 여러분은 무엇을 해요?

■ 그림을 보고 이야기하세요.

| 그림을 그리다 | 뜨개질을 하다 | 춤을 추다 | 음악을 듣다 |
| 축구를 하다 | 영화를 보다 | 독서를 하다 | 게임을 하다 |

unit 9. 취미

[명]마다

가: 요즘도 매일 운동해요?
나: 네. 아침마다 조깅을 해요.

- 옆집 아이가 밤마다 울어요.
- 월요일마다 어휘 시험을 봐요.
- 저 버스는 십 분마다 출발해요.

연습하세요

저는 아침마다 커피를 마셔요.

| 아침마다 |
| 주말마다 |
| 날마다 |
| 방학마다 |

- 친구를 만나다
- 커피를 마시다
- 책을 읽다
- 여행을 가다
- 단어를 외우다
- 일기를 쓰다
- 청소하다

새 표현 옆집 울다 날 단어를 외우다

[명]보다

가: 주말에 등산을 할까요?
나: 저는 산보다 바다가 좋아요. 우리 바다에 가요.

· 저는 축구보다 농구가 좋아요.
· 토모 씨는 액션 영화보다 코미디 영화를 더 좋아해요.
· 저는 밥보다 빵을 더 자주 먹어요.

연습하세요

어디가 더 좋아요?

저는 산보다 바다가 더 좋아요.

1) 어디가 더 좋아요?

2) 무엇을 자주 봐요?

3) 무엇을 더 좋아해요?

4) 무엇을 더 자주 마셔요?

새 표현 더

unit 9. 취미

함께 해 봅시다

준비하세요

친구와 이야기하세요.

- 매일 아침에 무엇을 해요?
- 한국어 공부가 어때요?

- 저는 아침마다 한국어를 공부해요.
- 한국어 공부가 영어 공부보다 쉬워요.

해 보세요

이야기하세요.

(가)

월	화	수	목	금	토	일
1 시장	2 ?	3 ?	4 아르바이트 (18시~22시)	5 ?	6 등산	7
8 시장	9 ?	10 ?	11 아르바이트 (18시~22시)	12 ?	13 등산	14

(나)

월	화	수	목	금	토	일
1 ?	2 한국어 공부 (6시~7시)	3 축구 (17시~19시)	4 ?	5 영화	6 ?	7
8 ?	9 한국어 공부 (6시~7시)	10 축구 (17시~19시)	11 ?	12 영화	13 ?	14

더 해 보세요

1. 무엇을 해요?

> 무엇을 자주 해요?

> 저는 쇼핑을 해요.

2. 그것을 얼마나 자주 해요? 친구와 이야기하세요.

| 주말마다 | 방학마다 | 날마다 | 밤마다 | 아침마다 |

> 쇼핑을 얼마나 자주 해요?

> 저는 친구하고 주말마다 쇼핑을 해요.

> 어디에서 주로 쇼핑해요?

> 저는 인터넷 쇼핑몰에서 물건을 사요. 오프라인 가게보다 인터넷 쇼핑몰이 싸고 좋아요

3. 무엇을 자주 해요? 발표해 보세요.

> 저는 쇼핑을 좋아합니다. 그래서 친구하고 주말마다 쇼핑을 합니다.

새 표현 얼마나   오프라인   온라인 쇼핑몰

UNIT 9 취미

26 자전거를 타고 싶어요

어휘 취미 ❷
문법 [동]-고 싶다
[동]-는데요 / [형]-(으)ㄴ데요

이야기하세요.

1) 여기는 어디예요?

2) 남자는 지금 뭐 해요? 어디에 가요?

■ 시간이 있어요. 뭘 해요? 이야기하세요.

시간이 있어요. 뭘 해요?

바이올린을 켜요.

자전거를 타다   테니스를 치다   농구를 하다   조깅을 하다   요가를 하다

노래를 부르다   기타를 치다   피아노를 치다   바이올린을 켜다

[동]-고 싶다

가: 주말에 만나서 뭘 할까요?
나: 저는 자전거를 타고 싶어요.

- 친구를 만나고 싶어요
- 집에 가서 쉬고 싶어요.
- 한국 요리를 만들고 싶어요.

연습하세요

고향에 가서 뭘 하고 싶어요?

쌀국수를 먹고 싶어요.

[동]-는데요 / [형]-(으)ㄴ데요

가: 이 가수의 노래가 어때요?
나: 노래가 정말 좋은데요.

- 피아노를 배우고 싶은데요.
- 선생님, 질문이 있는데요.
- 오늘은 시간이 없는데요. 내일은 어때요?

연습하세요

주말에 보통 뭘 해요?

학원에서 요가를 배우는데요.
조금 힘들지만 재미있어요.

❶ 조금 힘들지만 재미있다

❷ 정말 즐겁다

❹ 정말 재미있다

❺ 싸고 맛있다

새 표현   표현   힘들다   즐겁다

unit 9. 취미

함께 해 봅시다

준비하세요

친구와 이야기하세요.

> 우리 같이 운동 동아리에 가입할까요?

> 좋아요. 등산 동아리가 어때요?

해 보세요

들으세요. 🎧26

> 가: 우리도 동아리에 가입할까요?
> 나: 네. 좋아요. 무슨 동아리에 가입하고 싶어요?
> 가: 저는 운동 동아리에 가입하고 싶어요.
> 나: 그럼 농구 동아리가 어때요? 저는 고향에서 농구를 했어요.
> 가: 그래요? 저는 농구보다 테니스가 좋은데요. 테니스 동아리가 어때요?
> 나: 좋아요. 전부터 테니스도 치고 싶었어요. 테니스 동아리는 언제 연습을 하는데요?
> 가: 학교 테니스장에서 수요일마다 연습을 하는데요. 오후 5시부터 7시까지예요.
> 나: 오늘이 수요일이니까 수업 후에 같이 갈까요?
> 가: 네. 좋아요.

문제 **1. 잘 듣고 맞으면 ○, 틀리면 × 하세요.**

① 여자는 고향에서 농구를 했어요.   (   )
② 여자는 테니스보다 농구를 좋아해요.   (   )
③ 여자는 오늘 테니스 동아리에 갈 거예요.   (   )

새 표현 동아리에 가입하다

2. 두 사람은 무슨 동아리에 가입할까요?

① 테니스 동아리
- 연습 장소: 학교 안 테니스장
- 시간: 매주 수요일 오후 5시~7시

② 농구 동아리
- 연습 장소: 학교 안 농구장
- 시간: 매주 수요일 오후 5시~7시

③ 테니스 동아리
- 연습 장소: 학교 안 테니스장
- 시간: 매주 금요일 오후 7시~9시

더 해 보세요

방학에 무엇을 할 거예요? 친구와 역할극을 하세요.

테니스 동아리
우리 함께 테니스를 쳐요.
매주 수요일에 만나요.

농구 동아리
우리 함께 농구를 해요.
매주 금요일에 만나요.

노래 동아리
우리 함께 노래하고 기타를 쳐요.
매주 월요일에 만나요.

요가 동아리
우리 함께 요가를 해요.
매주 화요일과 목요일에 만나요.

- 어느 동아리에 가입하고 싶어요?
- 저는 테니스 동아리에 가입하고 싶은데요.
- 왜 테니스 동아리에 가입하고 싶어요?
- 친구하고 같이 운동하고 싶어요.

UNIT 9 취미

27 피아노를 잘 쳐요?

어휘 기분
문법 잘 [동] / 잘못 [동] / 못 [동]
[동]-(으)ㄹ 수 있다 / 없다

이야기하세요.

1) 무엇을 해요?
2) 기분이 어때요?

1. 기분이 어때요? 이야기하세요.

기분이 좋다   기분이 나쁘다   스트레스를 받다   스트레스가 풀리다

시험을 잘 봤어요.
기분이 좋아요.

내일이 시험이에요.
스트레스를 받아요.

2. 지도를 보고 이야기하세요.

요즘 일이 많아요.
그래서 피곤해요.

기분이 좋다/나쁘다   피곤하다   즐겁다   신나다

마음이 편안하다   스트레스를 받다   스트레스가 풀리다

잘 [동] / 잘 못 [동] / 못 [동]

가: 피아노를 잘 쳐요?
나: 네. 잘 쳐요.

· 저는 수영을 잘 못 해요.
· 저는 영어를 전혀 못 합니다.
· 미나 씨는 매운 음식을 못 먹어요.

연습하세요

수영을 잘해요?

네. 잘해요.

아니요. 못 해요.

	질문	이름:	이름:	이름:
1)	수영을 잘해요?			
2)	한국어를 잘해요?			
3)	매운 음식을 잘 먹어요?			
4)	노래를 잘 불러요?			
5)	음식을 잘 만들어요?			

새 표현   쓰다   살다   늦다

[동]-(으)ㄹ 수 있다 / 없다

가: 자전거를 탈 수 있어요?
나: 네. 그런데 잘 못 타요.

· 한국말을 할 수 있어요?

· 저는 영어를 가르칠 수 있어요.

· 저는 김치를 만들 수 있어요.

연습하세요

운전할 수 있어요?

네. 운전할 수 있어요.

아니요. 못 해요.

함께 해 봅시다

준비하세요

친구와 이야기하세요.

> 취미가 뭐예요?

> 저는 저녁마다 공원에서 산책해요.

해 보세요

들으세요.

저는 피아노를 칠 수 있어요. 12살 때 피아노를 처음 배웠는데요. 정말 재미있었어요. 한국에 피아노가 없으니까 요즘 음악 동아리에서 기타를 치는데요. 즐거워요. 고향에서 자주 피아노를 쳤어요. 주말마다 동생하고 노래를 부르고 피아노를 쳤는데요. 정말 기분이 좋았어요. 동생은 저보다 피아노를 잘 못 치지만 노래를 잘 불러요. 그래서 저는 피아노를 치고 동생은 노래를 불렀어요. 방학에 고향에 가서 동생하고 피아노를 치고 노래도 부르고 싶어요.

문제 **1. 이 사람의 취미는 무엇입니까? 모두 고르세요.**

①  ②  ③

2. 이 사람의 취미는 무엇입니까? 모두 고르세요.

① 이 사람은 동아리에서 피아노를 쳐요.

② 이 사람은 12살 때부터 피아노를 쳤어요

③ 이 사람은 동생하고 기타를 치고 노래를 불렀어요.

더 해 보세요

1. 친구와 이야기해 보세요.

취미가 뭐에요?	무엇을 할 수 있어요?
그것을 잘해요?	언제부터 했어요?
누구하고 같이 해요?	

2. 취미가 뭐예요? 쓰세요.

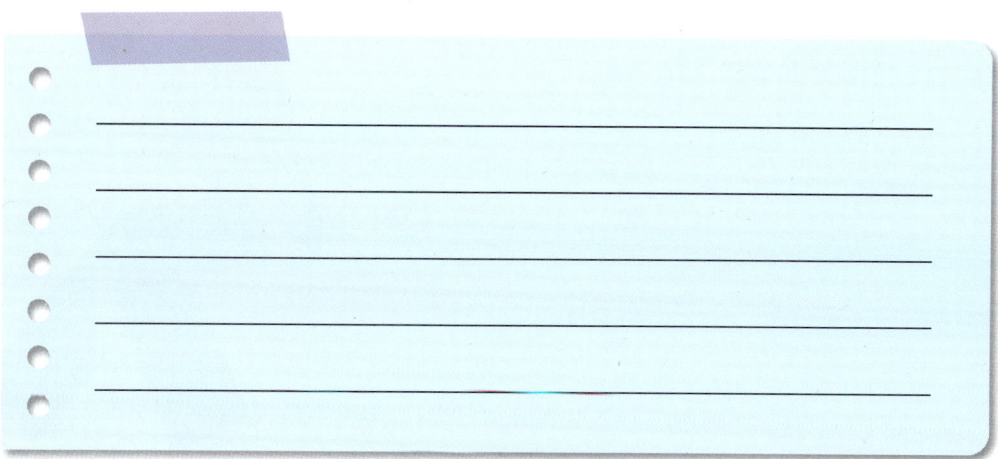

UNIT 10

Unit 10. 계획

28. 새해에 운동을 시작하겠어요

29. 졸업 후에 고향에 돌아가려고 해요

30. 무슨 아르바이트를 하고 싶어요?

UNIT 10 계획

28 새해에 운동을 시작하겠어요.

어휘 일상 생활
문법 [동]-겠
[동]-고 ❷

이야기하세요.

1) 사람들이 무엇을 해요?
2) 운동을 자주 해요?

■ **그림을 보고 이야기하세요.**

저는 매일 아침 6시에 일어나요.

일어나다　세수하다　이를 닦다　옷을 입다

장을 보다　요리하다　빨래하다　청소하다　샤워하다

unit 10. 계획

[동]-겠

가: 새해에 뭘 할 거예요?
나: 저는 1월 1일부터 운동을 시작하겠어요.

· 제가 청소를 하겠습니다.
· 숙제는 금요일까지 내겠습니다.
· 저는 오늘 점심은 안 먹겠어요.

연습하세요

누가 선물을 살 거예요?

제가 선물을 사겠습니다.

민호 씨 생일 파티 준비

1. 선물을 사다
2. 풍선을 준비하다
3. 케이크를 만들다
4. 식당을 예약하다
5. 카드를 쓰다

새 표현   내다   풍선을 준비하다   식당을 예약하다   카드를 쓰다

[동]-고 ❷

가: 주말에 뭘 할 거예요?
나: 점심을 먹고 서점에 갈 거예요.

· 운동하고 샤워할 거예요.
· 숙제하고 친구를 만날 거예요.
· 점심을 먹고 집에 가서 쉴 거예요.

연습하세요

고향에 가서 뭘 할 거예요?

가족을 만나고 고향 음식을 먹을 거예요.

	질문	이름:	이름:
1)	고향에 가서 뭘 할 거예요?		
2)	주말에 뭘 해요?		
3)	아침에 일어나서 뭐 해요?		
4)	수업이 끝나고 뭐 해요?		

새 표현 끝나다

함께 해 봅시다

준비하세요

친구와 이야기하세요.

> 새해에 무엇을 할 거예요?

> 아침마다 운동을 하겠어요.

해 보세요

읽으세요.

새해 약속

- 아침에 일찍 일어나고 아침을 꼭 먹겠습니다.
- 한국어를 더 열심히 공부하겠습니다.
- 밤마다 책을 읽겠습니다.
- 주말마다 여행을 가겠습니다.
- 날마다 운동을 하겠습니다.

문제 잘 읽고 맞으면 ○, 틀리면 × 하세요.

① 이 사람은 매일 운동할 거예요. (   )
② 이 사람은 밤에 책을 읽을 거예요. (   )
③ 이 사람은 방학마다 여행을 갈 거예요. (   )

더 해 보세요

친구와 이야기해 보세요.

1. 친구와 무슨 약속을 할 거예요?

| 새해 | 교실 |

2. 친구와 약속을 만드세요. 그리고 발표하세요.

UNIT 10 계획

29 졸업 후에 고향에 돌아가려고 해요.

어휘 학교 생활
문법 [동]-어서❷ / [형]-어서❷
[동]-(으)려고 하다

이야기하세요.

1) 이 사람은 지금 기분이 어때요?
2) 이 사람은 무엇을 할 거예요?

■ 그림을 보고 이야기하세요.

2월에 고등학교를 졸업했어요.

송곡대학교에 입학했어요.

입학하다 졸업하다 상을 받다 장학금을 받다

방학하다 유학하다 취직하다 귀국하다

[동]-어서❷ / [형]-어서❷

가: 이번 주말에 같이 영화를 보러 갈까요?
나: 미안해요. 일이 많아서 못 가요.

· 비가 와서 우산을 썼어요.
· 지난 주말에 피곤해서 집에서 쉬었어요.
· 말하기 대회에서 상을 받아서 기뻤어요.

연습하세요

왜 지하철을 탔어요?   길이 복잡해서 지하철을 탔어요.

1) 길이 복잡하다 — 라면을 먹었어요
2) 요즘 바쁘다 — 지하철을 탔어요
3) 배가 고프다 — 친구를 못 만나요
4) 약속 시간에 늦다 — 약을 먹었어요
5) 머리가 아프다 — 택시를 탔어요
6) 저녁을 안 먹다 — 배가 고파요

새 표현 늦다 우산을 쓰다 배가 고프다 머리가 아프다 말하기 대회

[동]-(으)려고 하다

가: 졸업 후에 뭘 할 거예요?
나: 회사에 취직하려고 해요.

- 한국에서 유학하려고 해요.
- 졸업하고 귀국하려고 해요.
- 오늘은 친구 집에서 저녁을 먹으려고 해요.

연습하세요

제니 씨는 뭘 하려고 해요?

아이스크림을 먹으려고 해요.

새 표현 후에

unit 10. 계획

함께 해 봅시다

준비하세요

친구와 이야기하세요.

> 방학에 뭘 할 거예요?

> 그동안 바빠서 고향에 못 갔어요.
> 그래서 이번 방학에 고향에 가려고 해요.

해 보세요

순서에 맞게 번호를 쓰세요.

① 친구들을 만나서 뭘 하고 싶어요?

② 요즘 고향 날씨가 좋아서 같이 여행을 하려고 해요.

③ 고향 친구들을 만나려고 해요.

④ 고향에 가서 뭘 할 거예요?

⑤ 그동안 바빠서 고향에 못 갔어요. 그래서 고향에 가려고 해요.

⑥ 이번 방학에 뭘 할 거예요.

⑥ → ( ) → ( ) → ( ) → ( ) → ( )

새 표현 생일 케이크 이거는 = 이건

더 해 보세요

1. 무엇을 하려고 해요?

| 이번 방학에 | 졸업 후에 | 귀국 후에 |

이번 방학에 뭘 할 거예요?

여행을 가려고 해요.

2. 친구를 인터뷰하세요.

	질문	이름:	이름:	이름:
1)	이번 주말에 뭘 할 거예요?			
2)	이번 방학에 뭘 할 거예요?			
3)	졸업 후에 뭘 할 거예요?			
4)	귀국 후에 뭘 할 거예요?			
5)	10년 후에 뭘 할 거예요?			

UNIT 10 계획

30 무슨 아르바이트를 하고 싶어요?

어휘 아르바이트
문법 무슨 [명]
[동]-고 있어요

이야기하세요.

1) 여자는 여기에 왜 왔어요?
2) 남자는 지금 무엇을 해요?

■ 무엇을 해요? 그림을 보고 이야기하세요.

아르바이트를 찾고 있어요.

아르바이트를 찾다   돈을 벌다   영어를 배우다   인터뷰를 하다

시험에 합격하다   시험에 떨어지다   고맙다   죄송하다

무슨 [명]

가: 새해에 뭘 할 거예요?

나: 저는 1월 1일부터 운동을 시작하겠어요.

- 무슨 영화를 봤어요?
- 무슨 음식을 자주 먹어요?
- 요즘 무슨 책을 읽어요?

연습하세요

	질문	이름:	이름:	이름:
1)	무슨 운동을 좋아해요?			
2)	무슨 음식을 잘 먹어요?			
3)	무슨 영화를 자주 봐요?			
4)	무슨 차를 좋아해요?			
5)	무슨 노래를 자주 들어요?			

새 표현 쓰다 살다 늦다

[동]-고 있어요

가: 지금 뭐 해요?

나: 아르바이트를 찾고 있어요.

· 지금 공원에서 산책하고 있어요.

· 주말마다 커피숍에서 일하고 있어요.

· 심심해서 책을 읽고 있어요.

연습하세요

지금 뭐 해요?

강아지하고 산책하고 있어요.

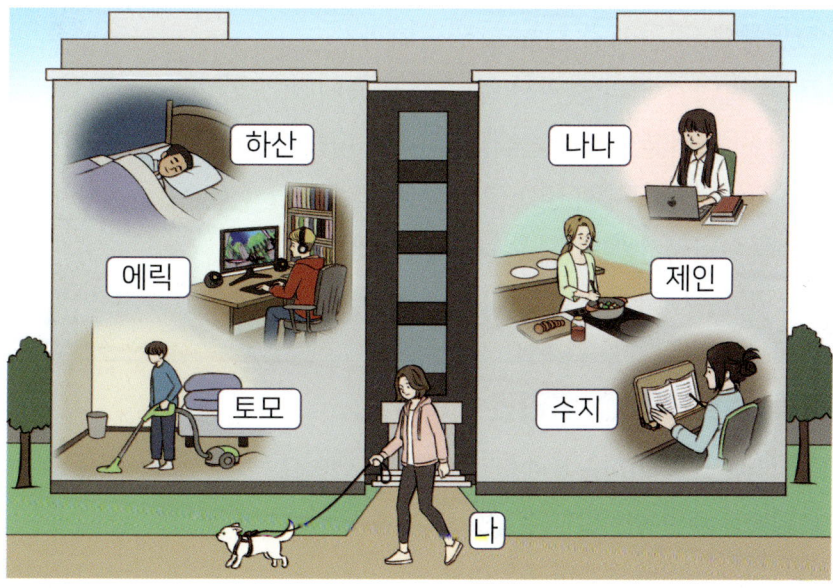

새 표현　찾다　심심하다

함께 해 봅시다

준비하세요

친구와 이야기하세요.

> 무슨 아르바이트를 했어요? 어땠어요?

> 저는 카페에서 아르바이트를 했어요. 힘들었지만 재미있었어요.

> 한국에서 무슨 아르바이트를 하고 싶어요?

> 저는 편의점에서 일하고 싶어요.

해 보세요

들으세요. 🎧30

> 가: 안녕하세요. 저는 하산입니다. 인터뷰를 하러 왔습니다.
> 나: 하산 씨, 안녕하세요. 여기에 앉으세요.
>   고향에서 무슨 일을 했습니까?
> 가: 식당에서 아르바이트를 했습니다.
> 나: 그렇군요. 주말에도 일할 수 있습니까?
> 가: 네. 주말에 수업이 없어서 일할 수 있습니다.
> 나: 하산 씨, 영어를 할 수 있습니까? 우리 커피숍에 외국인 손님이 많아서요.
> 가: 네. 지금도 학교에서 영어를 배우고 있습니다
> 나: 네. 좋습니다. 내일까지 연락드리겠습니다.
> 가: 네. 알겠습니다. 고맙습니다.

문제

1. 잘 듣고 맞으면 ○, 틀리면 × 하세요.

① 남자는 고향 커피숍에서 아르바이트를 했어요.   (   )
② 남자는 주말에는 일할 수 없어요.   (   )
③ 남자는 영어를 공부하고 있어요.   (   )

새 표현   손님

2. 두 사람은 지금 무엇을 하고 있습니까?

①  ②  ③

더 해 보세요

무슨 아르바이트를 하고 싶어요? 친구와 역할극을 하세요.

- 저는 하산입니다. 인터뷰를 하러 왔습니다.
- 식당에서 아르바이트를 했습니다.
- 네. 주말에도 일할 수 있습니다.

- 하산 씨, 안녕하세요. 여기 앉으세요. 고향에서 무슨 일을 했습니까?
- 그렇군요. 주말에도 일할 수 있습니까?

듣기 대본

4 어느 나라 사람입니까?	민우: 안녕하세요. 저는 민우입니다. 제니: 안녕하세요. 저는 제니입니다. 민우: 어느 나라 사람입니까? 제니: 저는 프랑스 사람입니다. 한국 사람입니까? 민우: 네. 저는 한국 사람입니다. 제니: 학생입니까? 민우: 아니요. 저는 회사원입니다.
7 이것은 샤샤 씨의 책입니다.	**준비하세요** 들으세요. 🎧 7 ① 나나 씨, 이거는 뭐예요?　　② 그럼 그거는 뭐예요? ③ 아, 이거는 생일 케이크예요.　④ 네. 오늘이 뭉흐 씨의 생일이에요. ⑤ 네? 오늘이 뭉흐 씨의 생일이에요?　⑥ 그거는 뭉흐 씨의 생일 선물이에요. ① → (　) → (　) → (　) → (　) → ③
11 어츠 씨는 학교에 가요.	가: 안나 씨, 어제 뭐 **했어요**? 나: 친구를 만났어요. 우리는 **바다에 갔어요**. 가: 무엇을 **했어요**? 나: 수영을 **했어요**. 그리고 라면을 **먹었어요**. 가: 앤디 씨는 어제 뭐 **했어요**? 나: 저는 **영화관에 갔어요**. 한국 영화를 **봤어요**.
14. 무슨 요일에 만날까요?	가: 호준 씨, 금요일에 시간이 있어요? 나: 미안해요. 금요일에 시험을 봐요. 가: 그럼 토요일에 같이 영화를 볼까요? 나: 네. 좋아요. 몇 시에 만날까요? 가: 오전 11시에 지하철역에서 만나요. 나: 네. 우리 같이 점심을 먹을까요? 가: 좋아요. 같이 햄버거를 먹어요.

16 이 시계가 얼마예요?	가: 어서 오세요. 뭘 드릴까요? 나: 안녕하세요. 이 모자가 얼마예요? 가: 25,000원이에요. 나: 그 장갑이 얼마예요? 가: 13,000원이에요. 나: 이 모자 주세요. 그리고 장갑도 주세요. 가: 네. 잠깐만 기다리세요. 나: 모두 얼마예요? 가: 38,000원이에요. 나: 여기 있어요. 감사합니다.
19 친구하고 여행을 갈 거예요.	가: 이번 방학에 뭘 할 거예요? 나: 여행을 갈 거예요. 가: 우와, 정말요? 어디에 갈 거예요? 나: 제주도에 갈 거예요. 가: 누구하고 같이 갈 거예요? 나: 한국 친구하고 같이 갈 거예요. 가: 거기에서 뭘 할 거예요? 나: 바다에 수영하러 갈 거예요. 거기에서 사진도 많이 찍을 거예요. 가: 제주도 음식도 먹을 거예요? 나: 네. 제주도 음식을 먹으러 시장에 갈 거예요.
24 길이 복잡하니까 지하철을 탑시다	가: 오늘 오후에 약속이 있어요? 나: 아니요. 없어요. 집에 가서 쉴 거예요. 가: 저는 오늘 날씨가 좋으니까 산에 갈 거예요. 에릭 씨도 같이 가요. 나: 좋아요. 같이 갑시다. 여기에서 근처 산까지 얼마나 걸려요? 가: 버스를 탈 거예요. 30분쯤 걸려요. 나: 그런데 지금 길이 복잡하니까 지하철을 탈까요? 가: 좋아요. 지하철을 탑시다. 나: 지금 시간이 없으니까 여기에서 지하철역까지 택시를 탈까요? 가: 좋아요. 저기에 택시가 있어요. 나: 빨리 타러 가요.

26 자전거를 타고 싶어요	가: 우리도 동아리에 가입할까요? 나: 네. 좋아요. 무슨 동아리에 가입하고 싶어요? 가: 저는 운동 동아리에 가입하고 싶어요. 나: 그럼 농구 동아리가 어때요? 저는 고향에서 농구를 했어요. 가: 그래요? 저는 농구보다 테니스가 좋은데요. 테니스 동아리가 어때요? 나: 좋아요. 전부터 테니스도 치고 싶었어요. 테니스 동아리는 언제 연습을 하는데요? 가: 학교 테니스장에서 수요일마다 연습을 하는데요. 오후 5시부터 7시까지예요. 나: 오늘이 수요일이니까 수업 후에 같이 갈까요? 가: 네. 좋아요.
30 무슨 아르바이트를 하고 싶어요?	가: 안녕하세요. 저는 하산입니다. 인터뷰를 하러 왔습니다. 나: 하산 씨, 안녕하세요. 여기에 앉으세요. 　　고향에서 무슨 일을 했습니까? 가: 식당에서 아르바이트를 했습니다. 나: 그렇군요. 주말에도 일할 수 있습니까? 가: 네. 주말에 수업이 없어서 일할 수 있습니다. 나: 하산 씨, 영어를 할 수 있습니까? 우리 커피숍에 외국인 손님이 많아서요. 가: 네. 지금도 학교에서 영어를 배우고 있습니다 나: 네. 좋습니다. 내일까지 연락드리겠습니다. 가: 네. 알겠습니다. 고맙습니다.

교수자의 교재 운용 방법 일례

UNIT 1. 한글
01~03. 한글(1), (2), (3)

- 한글을 소개하고 모음과 자음을 익힐 수 있도록 음절과 단어 단위로 교사가 읽어 줍니다. 학습자들은 보고, 듣고, 따라 소리내며, 그림을 고르고 써 보는 연습을 합니다.
- 영어로 한글을 소개합니다. 학생들이 영어 이해 능력이 부족할 경우 가지고 있는 스마트폰을 활용하여 자국어로 텍스트를 번역하고 이해하게 합니다.
- 음절을 소리내어 들려줍니다.
- 듣고 고르며, 따라 하고 읽는 과정을 반복합니다.
- 연습책을 활용합니다.
- 기관에 따라서 2일 또는 3일(6시간~12시간) 정도 할당합니다.
- 자신의 이름을 씁니다. 자기 나라 명을 씁니다. 교실 주변 사물의 이름을 한글로 쓸 수 있습니다.

※교재 구입 시 제공되는 ppt 자료를 활용하여 수업을 운영합니다. 필요 시 자료를 가감할 수 있습니다. 따로 sotongpub@gmail.com 으로 연락바랍니다.(강의계획서 등 증빙 필요)

UNIT 2. 소개
04. 어느 나라 사람입니까?

- 그림을 보며 직관적으로 자신의 나라와 다른 나라의 이름을 이야기할 수 있습니다. 교사는 설명이 아닌 직접적 지시를 통해 묻고 답하는 과정을 반복하게 합니다. 학습자는 교사의 발화를 듣고 따라 하며 쓰고 서로 이야기합니다.
- 그림을 보고 나라 이름을 이야기합니다. 이때 /나라 이름/+/입니다/의 형태를 배웁니다.
- /어느/에 대한 구체적인 설명 없이 직관적으로 묻고 답하게 합니다.

- 나라 이름과 함께 직업명을 학습합니다. 발음을 듣고 따라 하고 쓰고 읽힙니다. 이때 스마트폰을 활용하여 모국어로 단어를 찾을 수 있습니다. Unit 2가 끝나면 교실에서 스마트폰을 쓰지 않게 하는 것이 좋습니다. 집에서 미리 단어 공부를 할 수 있도록 유도합니다.
- 네, 아니요 형태의 대답을 학습합니다.
- 듣고 차례를 찾습니다. [38쪽 정답 ①→⑦→③→⑥→④→⑤→②]
- 자신의 이름과 국적, 직업을 이야기할 수 있습니다. 짝과 함께 활동을 합니다. 한 쌍씩 묻고 이야기하게 유도합니다.
- 연습책을 활용합니다.
- 기관에 따라서 1일(3시간~4시간) 정도 할당합니다.

※교재 구입 시 제공되는 ppt 자료를 활용하여 수업을 운영합니다. 필요 시 자료를 가감할 수 있습니다. 따로 sotongpub@gmail.com 으로 연락바랍니다.(강의계획서 등 증빙 필요)

※4과부터는 수업 종료 시 과제를 부과합니다. 핵심 문형을 활용하여 두 개 이상 문장을 만들어 오게 합니다. 이때 손으로 써서 제출하게 합니다. 여러 교육용 프로그램을 활용하여 제출하게 합니다. 교사는 학습자별 피드백을 수행합니다. 이때 문장의 완성도는 물론 글씨 모양, 띄어쓰기의 적절성까지 수정해 주어야 합니다.

05. 저는 프엉이에요.

- 그림을 보며 직관적으로 자신의 나라, 도시 그리고 다른 나라와 도시 이름을 이야기할 수 있습니다. 교사는 설명이 아닌 직접적 지시를 통해 묻고 답하는 과정을 반복하게 합니다. 학습자는 교사의 발화를 듣고 따라 하며 쓰고 서로 이야기합니다.
- 그림을 보고 도시 이름을 이야기합니다. 이때 /어디/+/입니까?/ 형태를 배웁니다.
- 그림을 보고 직업 이름을 이야기합니다. 이때 /누구/+/입니까?/ 형태를 배웁니다.
- 교사가 직접 가와 나의 대화를 들려줍니다. 학습자는 듣고 따라 합니다.
- /이름 씨/의 형태와 /제 N(수식어: 고향/ 형태를 배웁니다.
- /무엇입니까?/의 형태를 배웁니다. 묻고 답하는 연습을 반복합니다.
- /-예요/와 /-이에요/ 형태를 배웁니다.

- 앞서 배운 표현들을 /-예요/와 /-이에요/ 형태로 바꾸어 연습합니다.
- 짝과 함께 활동을 수행합니다. 수행 전에 교재에 쓸 수 있도록 유도합니다. 발표해 보게 합니다.
- 연습책을 활용합니다.
- 적절한 과제를 부과합니다.
- 기관에 따라서 1일(3시간~4시간) 정도 할당합니다.

06. 사라 씨는 배우가 아니에요.
◦ 앞의 방법과 동일한 교수학습 방법을 적용합니다.

정답 및 해설

58쪽	① → ③ → ② → ⑥ → ⑤ → ④
67쪽	둘, 셋[섿], 넷[넫] , 다섯[다섣], 여섯[여섣], 일곱, 여덟[여덜], 아홉, 열
83쪽	1) 지수 씨는 집에 가요. 2) 토모 씨는 영화관(극장)에 가요. 3) 뭉흐 씨는 공항에 가요. 4) 안나 씨는 공원에 가요.
85쪽	② 남자는 어제 영화관에 갔어요.
96쪽	① 열 시 십 분이에요 [열씨] [십뿌니에요] ② 여덟 시 오십 오 분이에요. [여덜씨] [오시보부니에요] ③ 일곱 시예요. [일곱씨예요] ④ 열한 시 이십 오 분이에요. [여란시 / 열한시] [이시보부니에요]
104쪽	① 두 사람은 금요일에 만나요. (X) ☞ 호준 씨는 금요일에 시험을 봅니다. 그래서 토요일에 만납니다. ② 두 사람은 같이 영화를 봐요. (O) ☞ 두 사람은 토요일에 영화를 봅니다. 점심을 먹습니다. 햄버거를 먹습니다. ③ 두 사람은 같이 시험을 봐요. (X) ☞ 호준 씨가 시험을 봅니다.
110쪽	① 이 사람은 매일 아침 9시에 일어나요. (X) ☞ 이 사람은 매일 아침 7시에 일어납니다. ② 이 사람은 이번 주에 한국어 수업을 들어요. (O) ☞ 이 사람은 매일 한국어 수업을 듣습니다. 그런데 다음 주에는 한국어 수업이 없습니다. 이번 주에는 한국어 수업이 있습니다.

	③ 이 사람은 다음 주에 남이섬에 가요. (O) ☞ 다음 주는 방학입니다. 그래서 여행을 갑니다. 남이섬에 갑니다.
116쪽	① 시계는 사만삼천(43,000) 원이에요. [사만] [삼처눠니에요] ☞ 한국 가격은 만 단위, 천 단위로 띄어 씁니다. 그런데 가격의 숫자는 모두 붙여서 쓰는 것을 허용합니다. ② 셔츠는 오만칠천(57,000)원이에요. [오만] [칠처눠니에요] ③ 의자는 팔만오천(85,000)원이에요. [팔만^오처눠니에요] / [팔마노처눠니에요] ④ 스마트폰(휴대폰)은 육십오만칠천구백(657,900)원이에요. [육씨보만] [칠천구배궈니에요]
118쪽	1. 여자는 모자와 장갑을 삽니다. 2. 모자는 25,000원(이만오천 원)입니다. 장갑은 13,000원(만삼천 원)입니다. 모두 38,000(삼만팔천 원)입니다. ☞ 1,000원은 /일천 원/으로 쓰지 않습니다. /천 원/으로 적습니다. ☞ 10,000원은 /일만 원/으로 쓰지 않습니다. /만 원/으로 적습니다. ☞ 은행에서 돈을 찾을 때 또는 계약서에 금액을 적을 때에는 /일천원/, /일만원/으로 쓸 수 있습니다.
124쪽	① (O) 매일 학교에 갑니다. 한국어를 공부합니다. ② (O) 학교에서 한국어를 공부하고 친구도 만납니다. ③ (X) 매일 점심에 학생 식당에 갑니다. 아침에 가지 않습니다.
130쪽	(④) → (⑥) → (①) → (⑤) → (③) → (②) 이 사람은 빨간색 가방하고 검은색 지갑을 샀습니다.
138쪽	1. ① (X) 남자가 제주도 여행을 갑니다. 여자는 가지 않습니다. ② (X) 남자는 바다에서 사진을 많이 찍을 거예요. 시장에서 제주도 음식을 먹을 거예요 ③ (O) 남자는 친구와 같이 제주도에 갑니다. 2. 남자는 제주도에 갈 거예요. 바다에 갈 거예요. 시장에 갈 거예요.

150쪽	1. ① (X) 이 사람은 지아 씨와 친구입니다. 함께 서점에서 아르바이트를 합니다. 그런데 이 사람과 지아 씨는 주말에 아르바이트를 하지 않습니다. ② (X) 주말에 극장에 가서 영화를 봅니다. ③ (O) 주말에 커피숍에 가서 차를 마시고 사진을 찍습니다. 2. 두 사람은 서점에서 만났습니다. 두 사람은 함께 서점에서 아르바이트를 합니다.
158쪽	① (X) 박물관에서 전화하지 마세요. ② (X) 조용히 이야기하세요. ③ (X) 음식을 먹지 마세요.
170쪽	1. ① (O) 근처 산까지 30분쯤 걸립니다. ② (X) 집에 가서 쉬지 않습니다. 두 사람은 같이 산에 갑니다. ③ (X) 택시를 탑니다. 지하철역에 갑니다. 지하철을 타고 산에 갑니다. 2. 지하철, 택시 ☞ 길이 복잡하니까 지하철을 탈 겁니다. 그런데 시간이 없으니까 지하철역까지 택시를 탑니다.
184쪽	1. ① (X) 남자가 고향에서 농구를 했습니다. ② (X) 여자는 테니스를 좋아합니다. ③ (O) 학교 테니스장은 수요일마다 연습을 합니다. 오늘은 수요일입니다. 여자는 오늘 남지와 같이 테니스 동아리에 갑니다. 2. ① 두 사람은 테니스 동아리에 갑니다. 테니스 동아리는 매주 수요일마다 연습을 합니다.
190쪽	1. ①, ②, ③ ☞ 이 사람은 12살 때부터 피아노를 쳤습니다. 주말마다 노래를 부르고 피아노를 쳤습니다. 그리고 한국에서 기타를 칩니다. 한국에 이 사람의 피아노가 없습니다. 이 사람의 취미는 기타 치기, 노래 부르기, 피아노 치기입니다.
198쪽	① (O) 이 사람은 날마다 운동을 할 겁니다. '날마다'는 '매일'과 같은 말입니다. ② (O) 이 사람은 밤마다 책을 읽을 겁니다. ③ (X) 이 사람은 주말마다 여행을 갈 겁니다. 방학마다 여행을 가지 않습니다.

204쪽	⑥ → (⑤) → (④) → (③) → (①) → (②) ☞ 이번 방학에 뭘 할 거예요? ← 뭘 할 것인지 찾습니다. ☞ 고향에 가려고 해요. ← 다음 연결될 질문을 찾습니다. ☞ 고향에 가서 뭘 할 거예요? ← 뭘 할 것인지 찾습니다. ☞ 고향 친구들을 만나려고 해요. ← 고향 친구들을 만나서? 무엇을 할 것인지 묻는 말을 찾습니다. ☞ 친구들을 만나서 뭘 하고 싶어요? ← 친구들과 무엇을 같이 할 것인지 찾습니다. ☞ ... 같이 여행을 하려고 해요.
210쪽	1. ① (X) 남자는 식당에서 아르바이트를 했습니다. 커피숍이 아닙니다. 　② (X) 주말에 수업이 없습니다. 일할 수 있습니다. 　③ (O) 남자는 학교에서 영어를 배우고 있습니다. 2. ① 두 사람은 지금 면접을 보고 있습니다.